기획·개발자, 디렉터, 프로듀서, 디자이너, 엔지니어 등
누구라도 바로 시작할 수 있는

UX 디자인을 시작하는 책

사용성 평가부터 고객 여정맵까지

타마가이 신이치 / 무라카미 류스키 / 사토 텟츠 / 오오타 분메이 / 토키와 신사쿠 / IMJ 지음
노승완 / 임동혁 / 그린베리 디자인 연구소 옮김

UX 디자인을 시작하는 책

발행일	2020년 6월 25일

지은이	타마가이 신이치, 무라카미 류스키, 사토 텟츠, 오오타 분메이, 토키와 신사쿠, IMJ
옮긴이	노승완, 임동혁, 그린베리 디자인 연구소
펴낸이	손형국
펴낸곳	(주)북랩
편집인	선일영
편집	강대건, 윤성아, 최예은, 최승헌, 이예지
디자인	이현수, 한수희, 김민하, 김윤주, 허지혜
제작	박기성, 황동현, 구성우, 권태련
장정, 디자인	Atsushi Takeda / SOUVENIR DESIGN INC.
일러스트	Tokuhiro Kanoh
마케팅	김회란, 박진관, 장은별
출판등록	2004. 12. 1(제2012-000051호)
주소	서울특별시 금천구 가산디지털 1로 168, 우림라이온스밸리 B동 B113~114호, C동 B101호
홈페이지	www.book.co.kr
전화번호	(02)2026-5777
팩스	(02)2026-5747

ISBN	979-11-6539-291-8 03320 (종이책)

(주)북랩 성공출판의 파트너

북랩 홈페이지와 패밀리 사이트에서 다양한 출판 솔루션을 만나 보세요!

홈페이지 book.co.kr • **블로그** blog.naver.com/essaybook • **출판문의** book@book.co.kr

이 책을 소개하며

「어려워…. UX 디자인을 알아야 할 텐데」
「사용자 조사를 하라고 자꾸 그러는데, 도대체 뭘 알아야 하지…. 모른다고 할 수는 없고…」
「다들 고객 여정맵(커스터머 져니)이 중요하다고 하는데, 진짜 다들 알고 있는 거야?」
「나는 이제 포스트잇 가지고 하는 사교활동 같은 디자인 싱킹은 지쳤어」
「아니, 왜 UX 책들은 이렇게 두꺼워, 거기다 내용은 왜 이리 어려워?」
「나는 SW 엔지니어는 아니라서…. 진짜 쉽게 친절하게 이야기해 주면 안 되나?」
「UX가 철학도 아니고, 왜 이리 말이 많아?」
「난 심심풀이로 UX를 알고 싶은 게 아니거든?」
「왜 그 양식이나 템플레이트 공유를 안 해 주는 거야?」
「나도 마케팅, 리서치, 기획 같은 직종으로 나가야 할 텐데…」
「요새는 제품 디자인은 점점 일이 없어져서…」 등등.

UX 디자인과 관련된 우리의 마음과 머리에는 UX에 관한 장점과 희망보다는, 불만과 기대, 조바심과 자포자기 등이 교차해 있는 것 같습니다. 차라리 전혀 새로운 사상이나 기법이라면, 단순한 희망과 호기심에 모든 이의 관심과 사랑을 받는 「UX 디자인」이 될 텐데, 그렇지 못합니다. 그렇습니다. 말이나 단어가 바뀌어서 그렇지, 새로운 아이디어나 기법은 아닙니다. 그런데 왜 아직도 여기저기서 UX 디자인에 대해서 무지와 애증의 목소리를 내고 있을까요? 그건 아마도 서론만 있는 소설책, 인물 소개만 하고 진행이 없는 영화, 회의에서 잘난 척만 하고 나가 버리는 꼰대 선배님과 같은 상태로, UX 디자인이 10여 년을 버텨 왔기 때문이라고 봅니다. 국내에는 UX 디자인에 종사하시며, 훌륭한 업적과 높은 능력을 과시하는 전문가들이나 기업이 전 세계 어디보다 많다는 생각이 듭니다. 그럼에도 불구하고 많은 젊은이들이(중견/중소기업의 담당자분들조차) UX 디자인을 왕성한 호기심과 희망의 대상에서, 「말만 많은 귀찮은 존재」로 보게 되는 「변심」을 하는 데는, 아마도 그동안 UX 디자인을 「간단하고(이해되게)」, 「친절히(시간 낭비 안 하고)」, 「쓸만한(바로 이용 가능한)」 내용으로 전달하는 교재의 부재도 한몫했다고 봅니다.

그런 「간단하고(이해되고)」, 「시간 낭비 없이」 그리고 「바로 이용해 적용할 수 있는」 내용의 UX 디자인 책을 찾고 계셨다면, 바로 이 책이 정답입니다. 저는 소위 말하는 「UX 1세대」의 인간으로, 25년 넘게 관련 산업에서 일하고 교육해온 사람입니다. 그런 길다면 긴 세월 동안, 제가 몇몇 책에서 느낀 점은(전부는 아닙니다), "미국에서 출간된 UX 관련 책은 주로 엔지니어링 시선에 치우쳐 있지 않나?", "일본에서 나온 책들은 조금 비효율적으로 형식적이지 않나…", "한국에서 나온 UX 책들은 보기는 참 멋진데, 초보자들에게는 어떨까?", "도대체 이 어려운 영어로 된 용어를 꼭 신줏단지 모시듯 해야 하나…" 등의 불만도 있었습니다.

그런 불만 아닌 「UX 갈증」에 항상 목말라 하던 중, 바로 이 책을 만나게 되었습니다. 아마도 당신이 전문가 집단에 속하던, 완전 초보이건, 관심 있는 대학생이건, 이 책을 읽다 보면:
「정말 액기스만 뺐네」
「다 알고 있는 내용이지만, 왜 난 그동안 이렇게 정리해서 설명하지 못했을까?」
「이렇게 다 까발려도 되는 거야?」
「이건 진짜 내일부터라도 바로 써먹을 수 있겠네」
「어렵다고 느껴졌던 내용이 바로 이거구나!」

「아…. 부장님이 영어로 항상 이야기하시던 그 방법이 이거네…」

「이 템플레이트! 그래, 이걸로 하면 될 것을…. 왜들 그렇게 …」

「디자인 싱킹도 싱킹만 하지 말고 이렇게 정리하면 되겠네…」

「이 내용은 정말 나만 알고 싶다(반지의 제왕에서 반지를 찾게 될 때 느끼는 욕심)…」

「이 책, 살짝 우리 이사님 책상 위에 두고 나올까 봐. 읽어 보시라고…」

「이 책, 너무 솔직해서 좀 천박한 거 아냐? (내심 기쁨)」

「사용자 조사, KJ법, 고객 여정맵, 시나리오 개발, 페르소나… 필요한 게 바로 이거야!」

「그래…. 프로세스나 양식이 중요한 게 아니고, 결국 UX도 아이디어 싸움이군!」 등등.

아마도 이 책으로 인해 UX 디자인의 진정한 출발선에 서는 일이 모두에게 가능해질 겁니다. 그렇습니다. 이 책을 여러분이 그렇게 하고 싶어 하던 「UX 디자인」을 시작하는 책으로 한다면, 미래의 인재로 성공 출발선에 당당히 서게 될 것입니다. 마지막으로 이 책이 한국에 소개될 수 있도록 함께 묵묵히 작업을 함께해 준 우리 그린베리 디자인 연구소의 모든 분과, 특히 임동혁 실장에게 감사한 마음을 전달합니다.

감사합니다.

2020년 2월
노승완

시작하기

「고객의 경험이야말로 중요하다」,「UX를 잘하고 싶다」… 디지털 기술과 서비스의 최전선에서 이러한 말들이 넘쳐나고 있어, 새삼스럽게 기쁜 마음이 들기도 합니다. 그러나 다른 한편으로 고객·사용자로부터 배우는 프로세스를 인정하지 않는 비즈니스 현장이 아직도 계속 존재하고 있는 것 또한 사실입니다. 물론 바쁘거나 예산의 크고 작음이나, 개개의 사정은 있다 하더라도, 정말 가치가 있다면 약간의 어려움은 극복해서라도 현장에서 침투해 갈 텐데 말입니다.

UX 디자인의 힘에 대해 말하자면, 단순한 기술론이 아닌 구체적인 성과를 현장에서 얻고 있으며, UX 디자인의 힘을 체감한 적이 있는 사람들이 높은 확률로 그 가치를 평가해 주고 있는 것을 보더라도, 그 힘을 의심할 여지가 없습니다. 그러나 적극적으로 UX 디자인을 받아들이는 곳과 UX 디자인을 받아들일 수 없는 곳의 경계선이 비교적 뚜렷하다는 것 또한 확실합니다. 그것이 왜인지는… 명쾌하게 설명하지 못하고 있었습니다.

그런데 최근에서야 새로운 의견을 떠올리게 되었습니다.「UX 디자인의 가치는, 아직도 말로는 제대로 표현되지 못하고 있다」라고 말입니다.

사실 UX 디자인의 가치를 이미 잘 이해하고 있는 사람들로부터「상사나 타 부서에 그 가치를 잘 전달하기 어렵다」라는 이야기를 많이 듣습니다.

UX 디자인은「직면한 과제를 해결할 뿐만 아니라, 풍부한 아이디어의 소재와 장래에 도움이 되는 인사이트를 도출한다」라고 할 수 있는데, 이런 점을 통해 얻을 수 있는 큰 가능성을 (다른 과제 해결이나 장래의 이익이라고 하는) 아직 직접적이고 즉물적인 가치로 모두 치환하여 표현하지 못하고 있는 게 아닐까 하는 생각이 들게 되었습니다. 아직 충분히 말로 정리되어 있지 않아도 직감적, 감각적으로는 이미 이해되어 있는 가치임에도 불구하고 말입니다.

앞에서 언급한, 적극적으로 UX 디자인을 받아들이는 곳과 그렇지 않은 곳의 경계선은 이러한「아직 완전히 말로 표현은 되지 않더라도, 이미 직감적·감각적으로는 자명한 가치」를 인정하는 조직인지, 그 앞에서 멈춰버리는 조직인지의 차이에서 생겨나는 것 같기도 합니다.

그렇기 때문에, 이 책을 손에 든 여러분에게 부탁드립니다.

꼭 UX 디자인의 힘을 실제로 시험해 보고 체감해 보시길 바랍니다. 책에서 보고 알게 된 궁금한 것과 실제로 해보고 체감하는 것은 전혀 다른 것입니다. 사용자의 진정한 목소리, 사용자의 리얼함을 접할 수 있는 기회를 스스로 만들어 보세요. 이 책을 계기로, UX의 가치를 체감한 사람이 더 많아지고, 그리고 더 훌륭한 서비스, 더 훌륭한 크리에이티브한 현장 또한 늘어나기를 기대합니다.

집필진을 대표하여, 타마가이 신이치

CONTENTS

1장 UX 디자인이란?

2장 사용성 평가부터 시작

3장 프로토타이핑으로 설계를 개선

4장

페르소나와 화면을 시나리오로 연결

5장

사용자 조사를 실시

6장

고객 여정맵으로
고객의 경험을 가시화

7장

공감 페르소나에 의한 사용자 모델링

8장

UX 디자인을 조직에 도입

이 책의 사용법

이 책의 예상 독자(페르소나)

우리는 이 책을 집필하면서 구체적인 독자 모델을 잡기 위해서 사용자 청취를 거듭하여 예상 독자의 공감 페르소나를 작성했습니다(이 공감 페르소나에 대해서는 7장에서 설명하고 있습니다).

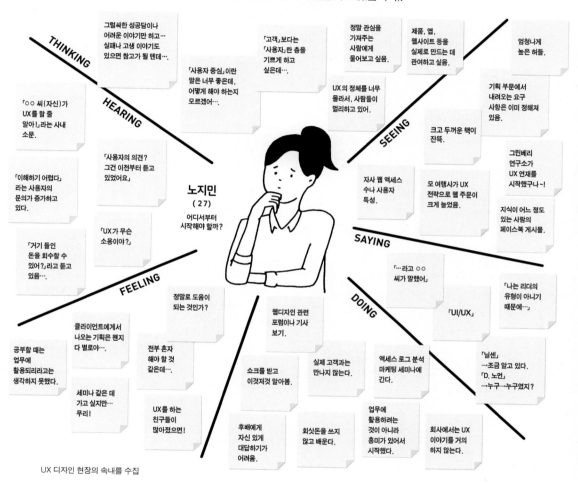

THINKING

그럴싸한 성공담이나 어려운 이야기만 하고… 실패나 고생 이야기도 있으면 참고가 될 텐데….

「○○ 씨(자신)가 UX를 할 줄 알아!」라는 사내 소문.

HEARING

「사용자 중심」이란 말은 너무 좋은데, 어떻게 해야 하는지 모르겠어….

「고객」보다는 「사용자」란 층을 기쁘게 하고 싶은데….

정말 관심을 가져주는 사람에게 물어보고 싶음.

제품, 앱, 웹사이트 등을 실제로 만드는 데 관여하고 싶음.

엄청나게 높은 허들.

SEEING

UX의 정체를 너무 몰라서, 사람들이 멀리하고 있어.

기획 부문에서 내려오는 요구 사항은 이미 정해져 있음.

「이해하기 어렵다」라는 사용자의 문의가 증가하고 있다.

「사용자의 의견? 그건 이전부터 듣고 있었어요」

크고 두꺼운 책이 잔뜩.

자사 웹 액세스 수나 사용자 특성.

모 여행사가 UX 전략으로 웹 주문이 크게 늘었음.

그린베리 연구소가 UX 연재를 시작했구나~!

지식이 어느 정도 있는 사람의 페이스북 게시물.

「거기 들인 돈을 회수할 수 있어?」라고 듣고 있음….

「UX가 무슨 소용이야?」

노지민
(27)
어디서부터 시작해야 할까?

SAYING

「…라고 ○○ 씨가 말했어」

「나는 리더의 유형이 아니기 때문에…」

「UI/UX」

FEELING

정말로 도움이 되는 것인가?

웹디자인 관련 포럼이나 기사 보기.

DOING

「닐센」
→조금 알고 있다.
「D. 노먼」
→누구 →누구였지?

공부할 때는 업무에 활용되리라고는 생각하지 못했다.

클라이언트에게서 나오는 기획은 왠지 다 별로아….

전부 혼자 해야 할 것 같은데….

쇼크를 받고 이것저것 알아봄.

실제 고객과는 만나지 않는다.

액세스 로그 분석 마케팅 세미나에 간다.

세미나 같은 데 가고 싶지만… 무리!

UX를 하는 친구들이 많아졌으면!

후배에게 자신 있게 대답하기가 어려움.

회삿돈을 쓰지 않고 배운다.

업무에 활용하려는 것이 아니라 흥미가 있어서 시작했다.

회사에서는 UX 이야기를 거의 하지 않는다.

UX 디자인 현장의 속내를 수집

◇ 「노지민」 씨는 이런 사람

공감 페르소나의 공감도(Empathy-map)를 바탕으로 예상 독자인 「노지민」 씨의 간단한 프로필을 다음과 같이 정리해 보았습니다.

노지민 (27살/여성)
- 십여 명 규모의 디자인 에이전시에 소속된 디자이너.
- 최근 UX 디자인에 흥미를 가지기 시작하여 정보 수집을 시작.
- 화면을 만들고 디자인하며 HTML 마크업이나 고객 대응 등 비교적 폭넓게 업무를 수행 중.

이 책에서 「당신」이라고 쓰여 있을 때는, 기본적으로 디자이너 「노지민」 씨라고 이해하면 됩니다. 다만, 컨설팅, 제품, 서비스 설계, 웹사이트 제작, 앱 디자인, 마케팅 시장 조사 등등 다양한 분야에서 사용자, 시장, 제품 관련 리서치를 해야 하는 분과 바꿔 읽어도 어색하지 않게 쓰여 있으므로, 그 밖의 분들에게도 널리 도움이 되는 책이라고 할 수 있습니다.

▶ UX 디자인, 사용자 리서치, 시장 조사 등을 배우기 시작했지만, 실제 본인 업무에 적용하려고 할 때 어려움을 느끼는 사람
▶ 디자인, 마케팅, 컨설팅 등의 에이전시에 소속되어 있는 사람뿐만 아니라, 서비스 기획·마케팅과 관련이 있는 사람
▶ 앞으로 UX 디자인 및 본격적인 디자인, 사용자, 시장 제품 분석 등을 시작해 보고 싶은 사람

이 책의 구성

2장 이후부터는 UX 디자인의 방법과 실제로 현장에서 활용하기 위한 노하우를 정리하고 있습니다.

◇ 3개의 활동 레벨과 실무에서의 실천 노하우

아직 직장에서 UX 디자인이 가능하지 않은 지민(예상 독자 페르소나) 씨가 UX 디자인을 배우고 현장 업무에 서서히 사용해가는 지침으로써 3가지의 활동 레벨을 설정했습니다. 2장 이후의 각 장에서는 그 수준에 대해 작업으로 실시할 수 있는 기회를 어떻게 만들어 가면 좋을지, 그 구체적인 노하우가 쓰여 있으니까 참고해 주세요.

몰래 연습	일부 업무에 적용	클라이언트와 함께
상사의 간섭이 없는 업무를 하는 중, 개인적으로 몰래 연습해 보는 레벨	일부 업무에서 취급은 하고 있지만, 기존 방식에 별로 영향을 주지 않는 범위에 한하고 있으며, 새롭게 임하는 UX 디자인으로 인한 책임이 발생하지 않는(또는 상당히 한정적인) 레벨	UX 디자인의 실시 내용을 프로젝트에 참여하는 인원 전체에 전하고, 워크숍에 참가하게 하는 등 클라이언트도 깊게 관여하고 있어서, UX 디자인으로 인한 성과의 책임(유상/무상 불문)이 발생하는 레벨

◇ 구체적인 2가지 사례 샘플

우리가 실제 업무로 실시한 프로젝트의 모델 케이스를 UX 디자인의 방법별로 규모가 다른 2개의 사례를 게재했습니다. 어디까지 간편하게 적용되는지, 또 어디까지 손을 대야 좋을지 모르겠다고 생각이 될 때 참고해 주세요.

◇ 템플릿 다운로드

아래의 URL을 통해서 이 책에서 사용하고 있는 템플릿을 다운로드할 수 있습니다.

`URL` http://greenberry.kr/ux-design-template

1장

UX 디자인이란?

우리는 UX 디자인의 힘을 믿습니다. 눈앞에 있으면서도 잘 보이지 않았던 사용자의 진실을 찾기 위해, 혼자만의 뛰어난 능력에 의지하지 않고, 여러 사람의 지혜를 모아 새로운 가치를 만들어나가는 것. 실로, 오늘날의 크리에이티브한 접근법이라 할 수 있을 것입니다.

1-1　UX 디자인의 이상과 현실의 갭

　　UX 디자인 관련 책들이 많이 늘어나긴 했지만, 「세상에 UX 디자인이 침투하려면 아직도 멀었구나」라고 느낄 때가 많습니다. 또한, UX 디자인 공부를 해 봤지만, 지금까지의 방식을 바꾸지 못하고 「직장에서 UX 디자인이라니, 나 같은 건 아직…」이라고 읊조리는 지민 씨와 같은 현장의 목소리도 계속 듣고 있는 게 벌써 몇 년째일까요….

　　유감스럽게도, 아직까지 UX(디자인)는 「좋은 느낌의 사용하기 쉬운 화면이나 플로우를 만드는 것」 정도로 인식되다 보니, 많은 이들이 사용하기 어려운 UI를 보고, 「이 화면은 UX가 나쁘다」라고들 합니다. 물론 이것은 UX의 본래 의미는 아니며, 여러분이 책이나 세미나에서 보고 들은 UX와는 전혀 다르다고 생각합니다. 이 갭을 메우고 업무 현장에서 UX 디자인을 넓혀갔으면 하는 것이 이 책의 주요 테마입니다. 현장에서 보면 오래되기도 했지만, 별 쓸모도 없어 보이는 몇몇 작업 양식이나 프로세스를 마치 보물단지 모시듯이 보여 주지도 않고 바꾸려 하지도 않는 사람들이 꽤 있습니다만, 우리는 이 책을 통해서, 우리가 실무에서 경험해온 UX 디자인의 실천 노하우를 보다 쉽고 솔직하게 전해드리려고 합니다.

　　우선 현장 이야기에 들어가기 전에 먼저 이상적인 UX 디자인이란 어떤 것인지를 다시 한번 복습해 둡시다.

1-2　UX, UX 디자인이란?

　　UX나 사용자 경험, 고객 경험 등의 말은, 비즈니스 현장에서 그 의미가 애매한 채로 편리하게 사용되고 있습니다. UX 디자인도 UX 자체가 모호한 데다, 디자인이라는 단어의 의미가 넓어서 더욱 막막해지기 쉽습니다. 이것이 오해의 근원이니 우선은 간단하게 정리하겠습니다.

◇ UX는 「물건(物)」이 아니라, 「서비스(事)」

　　UX란 User eXperience의 약자로 사용자 경험이라 번역됩니다. 그것은 흔히 제품이나 스크린 위의 아이콘 같은 「물건」이 아니라, 그것을 둘러싼 환경이라는 「서비스」의 디자인이라 불리기도 합니다.

　　이 설명에는 흔히 커피숍의 예가 사용됩니다. 커피숍의 상품(물건)은 커피이며 가격은 거기에 붙어있지만, 실제로는 점원의 대응, 의자의 편안함, 인테리어, 위치, 단골고객, 시간…까지 포함한 모든 것(서비스)의 가치이지, 결코 사용자가 커피 하나에 가치를 느껴서 돈을 지불하는 것은 아닙니다.

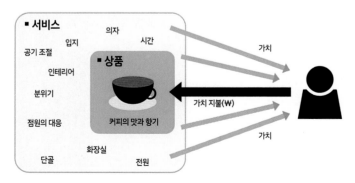

사물의 가치만으로 가치의 전체상은 정해지지 않는다. 이 경향은 앞으로 더욱 심화될 것이다.

21세기에 와서 물건은 넘쳐나고 있으며, 물건 자체만으로는 가치가 정해지지 않고 물건을 둘러싼 서비스 전체의 가치에 주목하게 되었습니다. 시대 배경적으로는 iPhone의 등장·대박으로, 하드웨어 그 자체의 매력뿐만 아니라 음악이나 앱 등 부대 서비스 전체가 일관된 경험의 가치라고, 모두가 깨달은 덕분이기도 하지만, 비즈니스계에서도 「고객 경험이 중요하다, 앞으로는 UX다, 최근에는 Customer eXperience)다」라고 말하기 시작해, 점점 확산되며 메이저 단어가 되어 갔습니다. 그러나, 단지 물건을 둘러싼 '서비스'라고 해도 꽤 막막합니다. 대체 어디까지 포함하는 것일까요?

◇ UX 백서에서의 UX

UX라는 말이 비즈니스의 문맥으로 들리기 시작한 것은 2000년대 중반 이후죠? 우리의 기억으로도 초기부터 자유롭게 사용되다 보니, 그 의미가 다소 애매해 보입니다.

이렇게 애매한 채로는 불편하니, UX에 대한 공통 인식을 한번 만들어 보겠습니다.

UX의 정의나 모델은 많지만, 이 책에서는 초보자도 이해하기 쉽게 잘 정리한 UX 백서(2010)의 내용을 토대로 설명하겠습니다.

UX 백서에서는 시간 축 개념을 도입하여 해당 제품·서비스를 사용하고 있을 때뿐만 아니라, 그 전후의 시간 속에도 사용자 경험은 확대되고 있다고 말하고 있습니다.

UX 백서에서 말하는 UX의 시간적 확대(기간)

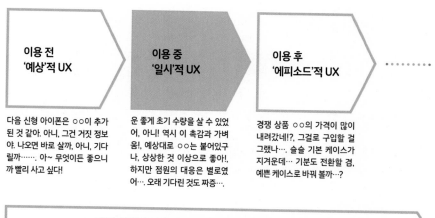

이용 전
'예상'적 UX

다음 신형 아이폰은 ○○이 추가된 것 같아. 아니, 그건 거짓 정보야. 나오면 바로 살까, 아니, 기다릴까…… 아~ 무엇이든 좋으니까 빨리 사고 싶다!

이용 중
'일시'적 UX

운 좋게 초기 수량을 살 수 있었어, 아니! 역시 이 촉감과 가벼움!, 예상대로 ○○는 붙어있구나, 상상한 것 이상으로 좋아!, 하지만 점원의 대응은 별로였어…. 오래 기다린 것도 짜증….

이용 후
'에피소드'적 UX

경쟁 상품 ○○의 가격이 많이 내려갔네!?, 그걸로 구입할 걸 그랬나…. 술술 기본 케이스가 지겨운데… 기분도 전환할 겸, 예쁜 케이스로 바꿔 볼까…?

제품·서비스 이용시간 '전체'가 누적된 UX

예전부터 스마트폰을 신형으로 바꿀 때마다 들뜨는 마음은 어쩔 수 없지. 뭐, 개인적인 축제나 포상이랄까? 하지만, 이제 신형 Mac의 출시 소식에는 일일이 들뜨지 않는 것처럼, 스마트폰도 머지않아 그런 느낌이 들겠지~.

제품·서비스를 이용하고 있을 때만 UX가 있는 것은 아니다.

UX 백서에서의 포인트는 직접 제품·서비스를 접하지 않는 전후의 시간이나 사용 반복을 통한 무의식적인 기억까지도 UX에 포함되므로, 더욱더 제품·서비스는 UX의 한 요소에 지나지 않는다고 확실히 하고 있는 점입니다. 즉, 제품·서비스 부분만으로는 강제적으로 UX 전체를 컨트롤하는 것이 어려우며, 결과적으로 제품·서비스는 UX에 종속될 수밖에 없다는 말입니다(위 그림을 예로 말하자면, 새로운 기종의 발표 전에 미디어를 통해 어떤 것을 보거나, 발매 후에 경쟁 제품의 가격이 어떻게 변화하여 가격 비교 사이트에서 어떤 정보를 얻는지, 다른 라인의 제품에 대한 인상 또는 기억… 등 제품·서비스 제공자의 입장에서 이 모든 것에 영향을 미쳐 컨트롤하는 것은 사실상 불가능합니다).

웹사이트나 앱을 통한 구매 서비스를 예로 좀 더 구체적으로 설명해보겠습니다.

사용자의 입장에서는, 서비스의 이용 전·중·후의 모든 것이 「하나의 경험」

| 집에서 TV 광고를 보고 나서, 특정 상품에 관심을 갖는다. | 웹 검색, 실제 오프라인 매장에 가서 다른 상품들과 비교를 해 본다. | 출·퇴근 중에 특정 상품의 정보를 웹(스마트폰)을 통해 본다. | 집에 도착한 후, 상품을 웹사이트(PC)에서 주문한다. | 주문한 상품이 집에 도착하여, 직접 사용을 해 본다. | 상품에 대한 리뷰, 감상 등을 자신의 SNS에 업로드. |

서비스 이용 전 경험 ─── 서비스 이용 중 경험 ─── 서비스 이용 후 경험

UX를 파악하기 위해서 제품·서비스의 이용 전/후까지 고려할 필요가 있다는 것은, 예를 들어, 고객 유입에 대한 분석이나 웹사이트 자체에 관한 마케팅 데이터만으로는 불충분하다는 것을 알 수 있습니다. 사용자 입장에서 웹사이트는 경험의 일부에 지나지 않기 때문입니다.

◇ UI와 UX의 차이점

UI는 User Interface의 약자로 웹사이트나 앱 등에 있어서는 주로 화면 주위를 말합니다. UI는 웹사이트나 앱(물건)이 사용자와 접촉하는 접점(터치 포인트)이기는 하지만, 어디까지나 물건을 사용하고 있을 때 마주하는 일부분이지, 경험의 전부는 아닙니다.

만일 e커머스(electronic-commerce, 전자상거래) 서비스(앱/웹사이트)를 예로 생각해 보면, UI뿐만 아니라, 상품 진열이나 e커머스 자체의 프로모션, 배송, 문의 서포트, 서비스를 이용하고 있지 않을 때의 메일 매거진, SNS에서의 평판… 더 나아가 경쟁 서비스와의 구분이나 가격 비교 사이트의 이용 등도 포함해 이것들 모두로부터 사용자가 느낄 수 있는 것이 UX입니다.

그러므로 역시 주(主)는 UX이고 UI는 그 일부, 종속물입니다.

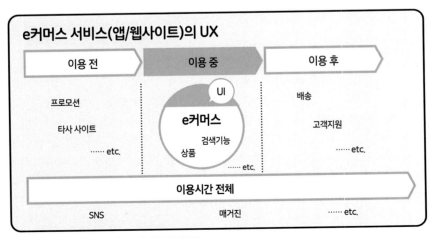

UI는 중요하긴 하지만 UX 전체로 볼 때 어디까지나 일부

◇ UI, UX, 사용성

지금까지 조금은 교과서적으로 UX란 무엇인가에 관해서 이야기해 왔지만, 실제로 현장에서 사용되고 있는 UX라는 말과 앞의 정의는 조금 차이가 있다고 당신도 느끼지 않나요? 실제로, 본래의 정의가 어디까지 침투하고 있는지 생각해 보면 아직 한참인 것 같고, UX를 배운 사람이 주위와 이야기가 맞물리지 않게 되는 상황 또한 다수 존재하는 게 현실입니다.

이런 상황에서 UX의 일부 요소이기도 한 사용성(=사용하기 쉬움)이라는 말을 사용해 보면, 세간에 알려진 UI나 UX의 의미 차이가 이해하기 쉬워진다고 생각합니다. 예를 들어, 「이 화면의 UX가 나쁘다」든지 「UX를 좋게 해줬으면 좋겠다」라는 표현의 경우, 대체로 사용성(=usability, 유저빌리티)으로 바꿔 말할 수 있습니다.

UX라는 말이 가리키는 범위는 사람마다 많이 다르다.

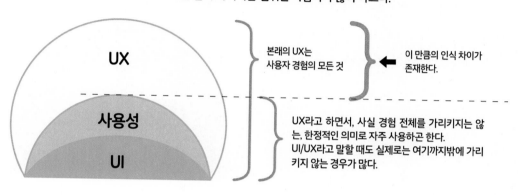

◇ UX 디자인이란?

UX의 정의가 여러 개 있듯이, UX 디자인의 정의에 대해서도 여러 가지가 있지만, 자세한 내용은 생략하겠습니다. 여기서는, UX 디자인이란 UX를 「디자인=설계」하는 것으로만 생각해 둡시다. 디자인이라는 말이 '외형'을 디자인한다는 의미의 디자인과 같아서 헷갈릴 수 있지만, UX 디자인의 디자인은 어디까지나 「설계」라는 뜻입니다.

> **MEMO**
>
> UX 디자인을 알아가는 과정으로, 「Human Centered Design: 휴먼 센터 디자인(이하 HCD)」라는 것이 있습니다. 이것은 국제 규격*으로 정해져 있어, 한국어로는 「인간 중심 설계」로 번역될 수 있습니다. UX 또는 UX 디자인이라는 단어가 도입되기 이전부터 공업 제품과 컴퓨터 시스템, 소프트웨어 등을 사용하는 사용자의 요구에 부응하여 높은 가용성과 만족을 얻기 위한 방법론과 기법으로 발전해 왔습니다. 이 책에서는 자세히 다루지 않지만, 관심 있는 분들은 인간 중심 설계 추진기구(HCD-Net)의 웹사이트 등을 참고해 보세요.
>
> * ISO 9241-210:2010 Ergonomics of human-system interaction-Part 210:Human-centred design for interactive systems
> 특정 비영리활동법인 인간 중심 설계 추진기구

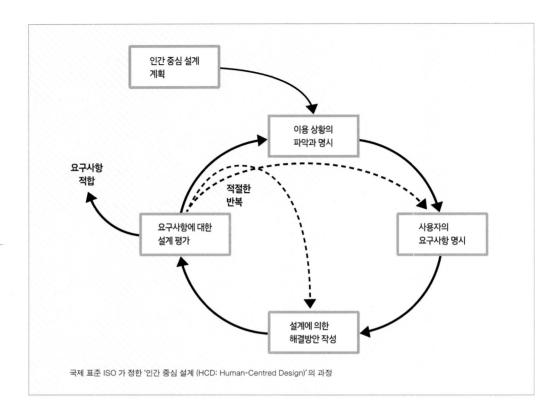

국제 표준 ISO 가 정한 '인간 중심 설계 (HCD: Human-Centred Design)' 의 과정

◇ UI가 UX를 결정한다? 아니면 거꾸로?

본래, UI는 UX를 형태로 만든 일부에 지나지 않습니다만, 특히 디지털의 세계에서는 UI가 UX 안에서 차지하는 비율이 높고, UI가 중요한 UX를 규정하는 것처럼(UI→UX) 생각해 버리는 경향이 있습니다. 확실히 디지털로 완결되는 서비스 등에서는 무심코 그렇게 생각하기 쉽습니다만, 실제로는 아니라고 봅니다. 이것은 지나간 20세기적 사고로, 물건이 서비스를 지배할 수 있다고 믿는 것과 같은 것입니다. 이 부분에서 UX 백서를 기억해 봅시다. 고작 화면으로만 타사 서비스나 다양한 개인적 사정도 포함해 종합적으로 이루어지는 사용자 경험을 지배할 수 있을까요? 물론 아닙니다.

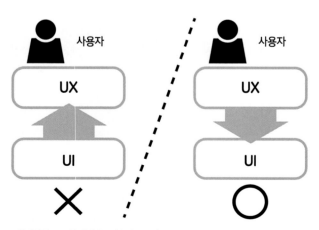

UI 측에서 UX(사용자 경험 전체)를 컨트롤하는 것은 사실상 무리입니다. 그러므로 UX 디자인에서는 UX의 주체인 사용자의 심리나 니즈를 철저히 파악할 필요가 있습니다. 반면, 사용자 입장에서는 이쪽(제공측)의 사정 따윈 중요하지 않습니다.

UI 를 결정하고 UX 를 생각하는 것은 거꾸로 된 이야기

UX 디자인에서는 어디까지나 중심은 사용자이며, 사용자에게서 배우는 배움의 스탠스가 중요합니다. 물론 일로서 하는 이상, 비즈니스와의 타협도 있겠지만, 처음부터 비즈니스 측의 사정에 맞춰서 발상을 하지는 않습니다. 비즈니스 측의 속사정을 사용자에게 떠넘길 만큼 만만하지 않은 게 21세기입니다. 사용성을 좋게 하는 것에 그치지 않고, 어디까지나 사용자에게 배워 사용자 경험이 더욱 좋아지도록 설계해 나간 후에 비즈니스를 성립시키는 것이 UX 디자인입니다.

실제 현장에서도, 이것들이 잘 이루어질까요? … 확실히 누가 들어도 바르고 성실한 소리로 들리지만, 일하는 현장에서는 이런 말이 왜 매끄럽게 먹히지 않는지를 차근차근 살펴보겠습니다.

1
장
▼
U X 디자인이란 ?

MEMO

「UX 디자인」은 "서비스"를 만들고 "물건"과 연결합니다.
　「터틀 택시」의 사례는 제품이나 화면 등의 "물건"이 아니라 종합적인 "서비스"를 디자인하는 좋은 사례로 자주 거론되고 있으며, UX 디자인이란 무엇인가라는 개념을 쉽게 이해하는 데 도움이 된다고 생각합니다.

* ゆっくり (유크리) 란 , 한국말로 '천천히' 라는 뜻임 .

물건이 개입해서 서비스를 바꾼다 . 하지만 , 개발된 서비스에 의해 만들어진 물건은 전체로 보자면 정말 조그만 부분이다 .

서비스에 대한 UX 디자인 예. IMJ가 기획·제안하고 일본 삼화 교통 주식회사와 공동으로 개발한 업계 최초의 "＊ 천천히 (ゆっくり, 유크리)" 달리는, 「터틀 택시」 (http://turtle-taxi.tumblr.com/). 「지금은 그렇게 서두를 필요가 없기 때문에 천천히, 조심스럽게 운전해 주었으면 한다. 그러나 운전자에게 일부러 그런 사정을 말하기는 조금 어렵다」라는 승객의 그런 '떨떠름함'을 해결하는 시책으로서 등장. 버튼을 누르면 앞 유리에 「천천히 주행 중」이라는 화면이 표시되고, 목적지 도착 후, "천천히 운전"한 거리가 기재된 땡큐 카드를 운전사가 승객에게 전달합니다.

1-3 UX 디자인을 일로 할 때의 현실

UX 디자인의 힘을 발휘해야 할 현장에서, 있어야 할 UX 디자인의 이상과 현실과의 갭은 꽤 오래 지속되고 있습니다. 왜 그럴까요?

다시 말하지만, 이 책의 주제는 이 이상과 현실의 차이를 넘어서 앞으로 나아가려면 어떻게 해야 하는가입니다. 책이나 세미나에서는 선진적이고 이상적인 케이스가 이야기가 많이 이루어집니다만, 실제 현장에 존재하는 현실과 이상과의 갭을 무시한 채, 무작정 UX 디자인의 방법이나 영어 단어를 외워서 큰소리로 외치기만 하는 것은 마니아 취급을 받을 뿐, 새로운 프로젝트나, 전문가로서의 높은 평가로 이어지지는 않습니다.

프로젝트 관계자와 가치를 공유하면서 진행하지 않으면 'UX 마니아'화 된다.

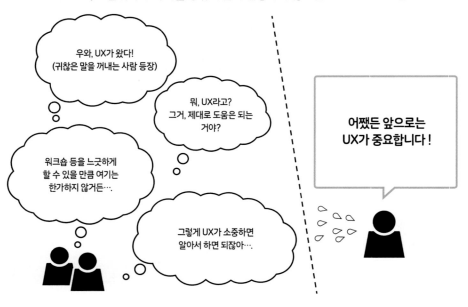

왜 실무 현장에서는 계획했던 모습에서 벗어나고 마는지, 실무에서 UX 디자인을 할 때 마주치기 쉬운 상황을 크게 2가지 관점에서 정리해 봅시다.

◇ ① 참여하는 타이밍에는 이미 프로젝트의 틀이 정해져 있기 때문에, 새로운 노력을 하기는 어렵다

이미 정해진 스케줄이나 사람의 가동, 예산에 여유가 없기 때문에 새로운 노력(UX 디자인)을 실천하기란 매우 어렵습니다.

→ 즉, 의뢰를 받았을 때는 이미 할 수 있는 게 한정되어 버리는 「'이제 와서 왜?'의 문제」

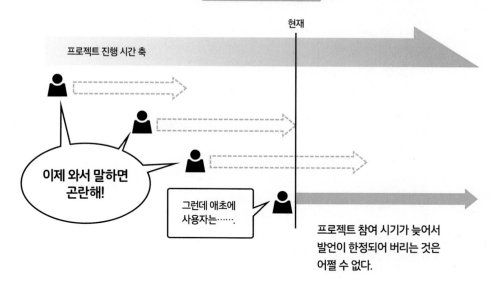

'이제 와서 왜?'의 문제

현재

프로젝트 진행 시간 축

이제 와서 말하면 곤란해!

그런데 애초에 사용자는…….

프로젝트 참여 시기가 늦어서 발언이 한정되어 버리는 것은 어쩔 수 없다.

◇ ② 당신의 직종이나 역할을 넘어, 상대방의 역할을 침범한다

이미 액세스 해석이나 A/B 테스트 등 실시가 끝났고, 오랜 경험 속에서 충분히 이해하고 있으며, 사용자에 대해서는 충분히 조사해 온 자부심이 있습니다. 각자 맡은 자리를 잘 지키고 일하는 것이 먼저지, 알지도 못하는 부서의 초보자에게 이런저런 말을 듣고 싶지는 않다는 겁니다.→「'부서나 지켜, 선 넘지 마!'의 문제」

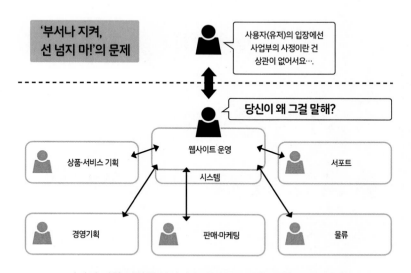

'부서나 지켜, 선 넘지 마!'의 문제

사용자(유저)의 입장에선 사업부의 사정이란 건 상관이 없어서요…

당신이 왜 그걸 말해?

웹사이트 운영

시스템

상품·서비스 기획

서포트

경영기획

판매·마케팅

물류

각자의 역할 범위를 벗어나 본질적인 논의를 하는 것은 어렵다.

만약, 이처럼 UX 디자인을 실시하기 어렵다면, 그것은 당신 자신의 능력에 문제가 있어서만은 아닙니다. 즉, 「UX 디자인의 가치」와 그것을 해내려는 「당신의 실력」이 관계자에게 인정되는 것이 중요합니다. 그렇지 않다면 그 누구도 당신에게는 큰 일을 맡기지 않을 것입니다.

| '이제 와서 왜?'의 문제 | '부서나 지켜, 선 넘지 마!'의 문제 |
| 사전에 연락/공지를 취함 | 넓은 범위의 업무 영역을 연결 |

UX 디자인의 가치

프로젝트 관계자

UX 디자인을 해내는
당신의 실력

2가지 모두 인정받고 있나요?

묵묵히 당신의 실력만 보여 주는 것은 충분하지 않다. UX 마니아처럼 보이면 안 되기 때문에.

1-4 그런 가운데 어떻게 UX 디자인을 해 나갈 것인가?

그럼 어떻게 해나갈 것인가의 기본적인 전략(작전)을 말씀드리겠습니다. 크게는 2개의 방향성이 있습니다.

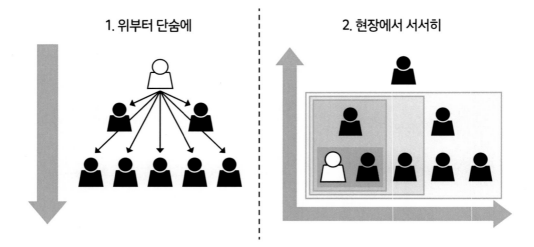

1. 위부터 단숨에

2. 현장에서 서서히

어느 쪽이든 존재하고 있지만….

◇ 1. 위부터 단숨에 하다

꽤 높은 직책의 사람이 UX 디자인의 추진자가 되어 관계자를 넓게 끌어들여 간다는 것이 하나의 패턴입니다. 다만, 당신의 활약에 따라 상사가 협력자가 되어(내 편으로) 움직여 주는 작전은, 당신이 상사로부터 높은 평가를 받고 협상력도 가지고 있으며, 또 다소의 갈등은 아랑곳하지 않는 강함이 있어야만 하는 작전입니다. 해외의 화려하고 눈에 띄는 사례는 top down으로 프로젝트가 일어나고, 고객 가치를 진지하고 순수하게 추구하며, 사업 간의 벽을 넘거나 하면서, 큰 성과를 거둔 경우가 많습니다만, 솔직히 이것을 할 수 있는 기업이나 프로젝트는 조직 문화적으로 한정되어 있다는 것을 실감합니다.

UX 디자인을 계속적으로 실시할 수 있는 환경 조성을 빨리하고 경험을 쌓고 싶다면, 의사 결정이 콤팩트한 작은 조직으로 이동, 혹은 의사결정의 주도권을 잡기 쉬운 프로젝트(예를 들어 지역 활성화를 위한 자원봉사 조직 등)에 관여해 보는 등의 방법도 있을 것입니다.

◇ 2. 현장에서 서서히 이해를 넓혀간다

또 하나는 조금 시간이 걸리지만, 착실히 당신 자신의 경험과 실력을 쌓으면서 관계자의 이해를 높이고, 할 수 있는 범위를 넓혀가는 접근방식입니다.

우리 집필진이 계속해 온 것도 주로 이쪽 방법입니다(이 책도, 거의 이 「현장에서 서서히 이해를 넓혀가는」 스탠스로 쓰여 있습니다). 이것은 분명 지극히 동양적일지도 모릅니다. 하지만 현장 중심으로, 게다가 그 것을 더 많은 사업 케이스에 침투시켜, UX 디자인을 실시하려면, 「우선 현장에서 경험과 이해를 쌓아 올리자」라는 방법밖에 없다고 봅니다.

◇ UX 디자인의 손대기가 쉬운 영역이란?

앞에서 UX 디자인을 할 때 마주치기 쉬운 상황을 정리했습니다만, 일단은 현 상황에서, 당신이 보통 참여하게 되는 「타이밍(프로젝트 특정 단계)」에서, 당신이 참견하기 쉬운 「영역」에서의 UX 디자인의 실천이야말로, 좋은 시작점이라고 생각됩니다.

타이밍

당신이 호출되어 참여하는 타이밍에서 할 수 있는 일이 한정되어 있다고 해도, 스케줄상으로 끝나게 되어있는 내용을 다시 시작하는 방식이나 제안은 NG이고, 특히 익숙하지도 않은 일에 중간에 끼어들어 괜히 본질론 등을 들먹일 필요도 없습니다. 앞으로 당신은 주변으로부터 「UX 디자인의 가치」와 「당신의 실력」을 인정받아야 하는 것이니까, 의미 없이 "UX 안티"를 만드는 움직임은 자제합시다.

당신이 참견하기 쉬운 「영역」

또 하나의 「영역」에 대해서는 이러한 구조로 이해해 보세요. 크게 두 입장(역할)을 상정합니다. 하나는 비즈니스 측면, 다른 하나는 설계 측면입니다. 이 관계 속에서, 평상시 프로젝트 내에서 주고받고 있는 영역(예를 들어 화면 주위, 웹사이트의 설계 방침, 기능 등)에 대해서 UX 디자인의 방법을 도입해 보는 것은, (너무 당연한 것일 수도 있지만) 자연스럽고, 또 하기 쉽겠죠(아직 처음에는 사용자의 경험 전체를 알아보려고 초조해하지 않아도 괜찮습니다).

그런데 이 영역을 벗어나게 될 수 있습니다. 우리는 이 영역에서 벗어난 경계를 「원래의 라인」, 「맡기고 싶은 라인」이라고 이름 붙였습니다.

덧붙여 이것은 수/발주 관계가 있는 프로젝트팀의 경우에는, 비즈니스 측을 발주 측(클라이언트), 만드는 측을 에이전시 측으로 생각해도 되며, 사업을 직접 하는 회사의 경우는 비즈니스 측을 사업 기획팀, 만드는 측을 사내의 제작·운영팀으로 생각해도 성립됩니다.

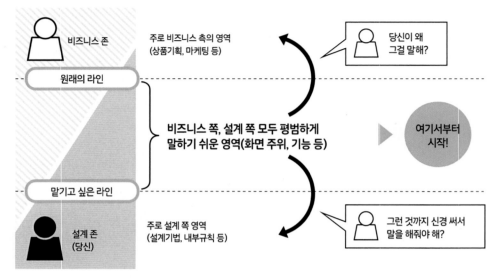

서로가 처음에는 공통적으로 이해하기 쉬운 부분부터 대화를 시작한다.
다만, 머지않아 서로의 경계를 넘어가게 된다.

이 상황을 반대의 입장에서 바라보기 위해서, 비즈니스를 떠나 친숙한 예로 생각해 봅시다. 당신이 이웃 어린이들에게 자연의 소중함을 전해주는 여름방학 이벤트의 실행위원을 맡게 되었다고 합시다. 이 이벤트의 메인은 바로 인형 쇼인데, 이 인형 쇼를 전문 이벤트 회사에 의뢰하기로 하였습니다.

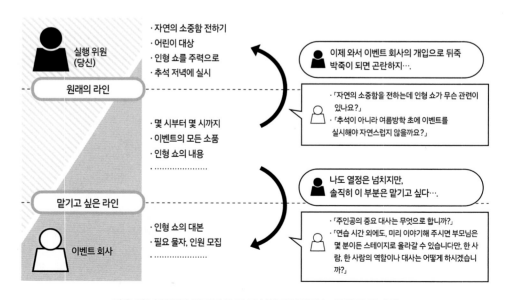

처음 하는 일이라 하더라도 자연스럽게 발생하는 역할의 경계선

어떨 것 같나요? 아마도 당신은 이미 이벤트 회사에게 부탁할 범위 이외에는 그들의 말에 귀를 기울이지 않을 겁니다(원래의 라인). 그리고, 전문가인 그들에게 맡기고 싶은 부분도 당연히 있을 겁니다(맡기고 싶은 라인). 반대로 이벤트 회사로서는 정말 훌륭한 이벤트를 의뢰주와 함께 만들어 가려면, 이벤트 기획 이전부터 실행위원회들과 대화를 하고, 기획 단계에 참여하며, 또 실제 이벤트 준비 과정에도 깊이 관여할 필요가 있다고 생각할 것입니다.

UX 디자인을 하는 것도 이와 같아서, 보다 빠른 타이밍에 이런저런 이야기들을 듣기도, 묻기도 하여, 「원래의 라인」과 「맡기고 싶은 라인」을 얼마나 능숙하게 넘나들 수 있는지가 꽤 중요합니다. 그러나 다행스럽게도 실천하기 쉬운 것부터, 일부 UX 디자인의 방법이라도, 시도할 가치는 충분하므로 처음에는 하기 쉬운 것에서부터 시작하는 것이 좋습니다.

◇ 사용자의 본질적인 욕망까지 탐구하지 않아도 되나?

UX 관련 책에서는 「UX 디자인은 사용자의 본질적인 가치나 욕구를 찾아야 한다」라고 설명하고 있습니다. 확실히 큰 혁신을 일으키기 위해서는 그렇겠지만, 앞에서도 말했듯이 실제로는 몇 가지 제약이 있습니다.

여기에서는 굳이 현실적인 선택으로 「본질적인 가치를 찾지 않는 UX 디자인도 의미가 있다」라고 단언해 두겠습니다. 이것은 의지가 약해진 게 아니라, 「UX 디자인의 가치」를 알리고 그것을 해내는 「당신의 실력」을 주변으로부터 인정받기 위한 중간 스텝입니다. 중간 단계여도 충분히 비즈니스상의 가치도 있습니다(즉, 일로서 임하는 의미가 있다는 것입니다).

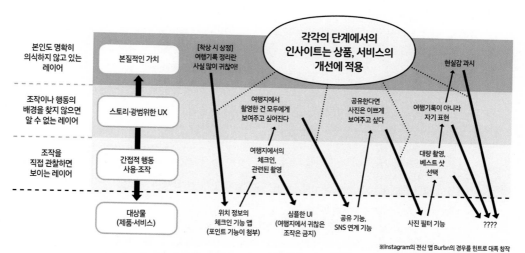

각각의 레이어마다 발견되는 인사이트는 서비스를 바꾸는 힌트가 될 것이다.

> MEMO
>
> 우리는 클라이언트도, 자사도, 고객경험의 「고」 자도 없을 무렵부터, 자발적 활동부터 시작해 UX 디자인을 비즈니스 현장에 도입하는 실천을 쌓아 왔습니다. 그런 활동 또한 부분적인 도입부터 시작해 점점 성과를 만들고(클라이언트를 포함하여) 우리를 이해해 주시는 분들을 늘리는 활동이었습니다(UX 디자인을 조직에 도입하는 방법에 대해서는 8장에 정리했으니 참고해 보세요).

◇ UX 디자인의 가치를 느끼도록 하기 위한 원동력

현장에서 관계자에게 「UX 디자인의 가치」의 이해를 넓혀갈 때, 가장 중요한 공감 포인트(엔진·원동력)를 기억해 둡시다. 그것은 이것입니다.

> (충분히 알고 있을 거라 생각했는데)
> **이렇게도 사용자(유저)를**
> **이해하고 있지 못했다니!**

고대 그리스 철학자 소크라테스 풍으로 말하면, 「무지의 지식」, 즉 사실 몰랐던 것을 깨닫는 것입니다. 이 부분은 목소리를 크게 내어 말하고 싶지만, 지금도 놀랄 만큼 많은 사람들이 「사용자가 생각할 만한 것은 이미 자신들은 다 알고 있다는 전제」로 플랜을 세우고 판단을 정립하고 있습니다. 사실 누구나 그럴 가능성이 있습니다(사실 예전의 우리 자신도 그랬습니다).

보통 사람이라면 이 「사용자 무지의 지식」을 만나 체감하면, 다양한 감정적인 스위치가 들어가 머리 회전이 빨라집니다.

이게 우선이야.
발견된 문제를 어떻게든 서둘러서 해결하지 않으면…
(리스크의 해소)

이렇게나 사용자를 몰랐다니….
경쟁 서비스와 차별화할 수 있는 기회가 왔다.
(기회의 획득)

좋은 제품·서비스를 만들고 싶은데 아직은 이 정도였구나….
빨리 개선하고 싶다.
(제품이나 서비스에 대한 애착)

「좀 더 겸허하게 사용자로부터 배우지 않으면(알아보지 않으면) 안 돼」, 「모르는 것이 많아」라고 프로젝트 관계자 간의 공통 인식이 만들어지면, 서서히 UX 디자인을 하기 쉬운 환경이 되어 갑니다.

프로젝트 시작 전에 이미 사용자 조사는 충분하다는 말을 많이 듣지만, 그 실체를 들여다보면 형식적인 앙케트나 고정화 된 질문에 대한 그룹 인터뷰가 되어 있을 뿐인 경우가 많고, 이러한 경우에는 암묵적인 가설이 설문의 선택사항에 포함되어 있기 때문에 새로운 발견이 어려워집니다. 「매년 별 변화가 없는 결과」를 반복해서 보다 보면 사용자 모델은 확정된 것처럼 착각하게 됩니다만, 이미 알고 있는 토픽을 매년 똑같이 사용자에게 묻고 있기 때문에 변화가 적을 뿐입니다. 정작 놓치고 있던 것은 무엇인지, 그걸 알게 되면 관계자들도 프로젝트에 관한 의욕이 불타오르게 됩니다.

제품·서비스 제공 측의 생각에 숨겨진 발견은 아직도 찾을 수 있다.

MEMO

최근까지 고객 여정맵(6장 참조)이 자주 화제로 다루어지게 된 것은, 사용자 무지의 지식을 테이블에 올릴 기회로서는 좋은 징조라고 할 수 있습니다. 올바른 조사 데이터로부터 암묵의 전제에 얽매이지 않고 정리를 해나가면, 특히 강하다고 여겨지는 제품이나 서비스조차 사용자에게 있어서는 선택사항의 일부에 지나지 않는다는 것을 잘 알 수 있습니다. 그걸 깨달았다면 진정한 승부랄까, 본래의 UX 디자인이 활약할 곳이 생기게 됩니다.

1-5 UX 디자인을 학습하고 실천해 나간다

다음 장부터 구체적인 실천 방법을 이야기하겠습니다.

◇ 우선은 당신 자신이 배우고, 그리고 주변을 서서히 끌어가자

앞서 말한 대로 UX 디자인을 작업에 적용하려면 하기 쉬운 곳에서부터 천천히 실력과 경험을 쌓는 것을 추천합니다. 그리하여 관계자들 사이에서 UX 디자인을 당연한 것으로 만들어가는 것입니다.

이 책은 얕고 넓게 UX 디자인을 소개하는 것이 아니라, 실질적인 실천 방법을 배우는 것을 목표로 하고 있기 때문에, 특히 꼭 알아야 한다고 생각되는 방법 5가지를 선정했습니다. 다음 장에서부터 이 5가지 방법에 대해 구체적으로 설명하도록 하겠습니다.

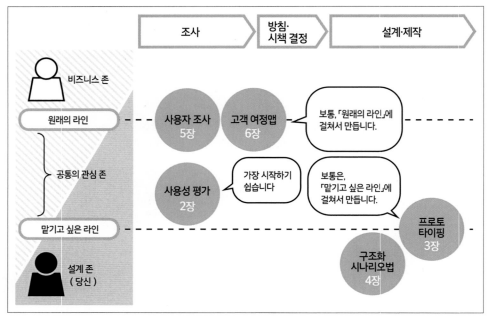

이 책에서 소개하고 있는 실질적인 UX 디자인 기법

사용성 평가부터 시작

사용성 평가는 서비스 기획, 웹 개발자들이 실제 본인 업무에 적용할 기회가 많습니다. 우리는 정기적인 사내·외 UX 디자인 교육을 실시해 오고 있는데, 다양한 분야에서 사용자, 시장, 제품 관련 리서치를 해야 하는 사람들에게 있어서 UX 디자인의 실천은, 사용성 평가의 실천 경험을 쌓는 것에서부터 시작한다고 확신합니다.

사용성 평가란?

사용성 평가란, 웹사이트나 앱 등 사용자가 이용하는 물건의 사용 편리함 즉, 사용성*을 평가하는 것입니다. 일반적으로 「사용성 평가」(또는 유저빌리티 테스트)라고 불리는 이 방법은, 사용자를 개입시켜서 실시하는 평가의 한 방법입니다.

사용성 평가는, 실제 사용자에게 앱, 웹 또는 특정 서비스 등의 이용 목표나 태스크를 부여하고, 혼자 힘으로 이를 실시하게 합니다.

평가자는 사용자가 작업을 수행하는 모습을 관찰하면서, (1) 사용자가 태스크를 완수할 수 있었는지(유효성), (2) 효율적으로 완수할 수 있었는지(효율성), (3) 불만은 없었는지(만족도)를 평가합니다.

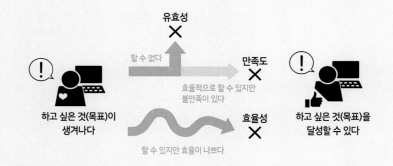

* 사용성이란?
ISO9241-11의 정의에서는 "어떤 제품이, 특정 사용자에게, 특정 이용 상황에서, 지정된 목표 달성을 위해 이용될 때의 유효성, 효율성, 사용자 만족도의 정도"라고 정의되어 있습니다.

사용자가 제품을 이용할 때 목표를 달성하지 못하는 경우를 "유효성의 문제", 목표는 달성하지만 효율이 나쁜 경우를 "효율성의 문제", 효율도 나쁘지 않지만 불만을 주는 경우를 "만족도의 문제"로 규정한다.

사용성 평가의 아웃풋 예시

평가 결과로써 사용성은 어땠는지(좋았는지, 잘못했는지, 개선의 필요성 및 개선점 등)를 나타냅니다. 또, 그 결과에 대한 논리적 근거(왜 그렇게 생각하는지, 그렇게 생각하는지에 이른 경위)를 나타냅니다. 덧붙여, 발견된 문제와 그 요인을 나타냅니다. 개선안은 사용성 평가에 필수는 아니지만, 가능하면 함께 제시하는 것을 추천합니다. 실무에서는 사용성 평가와 설계 개선은 별도의 담당자가 실시하는 일도 많습니다. 그 때문에 평가 담당자가 개선안(어떤 개선이

유효한지) 을 제공한 다음, 설계 개선 담당자가 웹사이트의 사양이나 운용의 제약 등을 감안하여 개선 시책(구체적으로 어떻게 개선하는가) 을 만드는 일이 많이 있습니다. 개선안을 제시하기 때문에 설계 개선 담당자들은 문제 요인을 보다 쉽게 이해합니다. 이하, 모 유료 TV 채널의 온디멘드 서비스를 DM(Direct Mail or Massage) 으로 알게 된 기가입자가 DM을 단서로 서비스 이용을 시작할 수 있는지, 사용성 평가를 실시한 사례를 예로 들어서 설명하겠습니다.

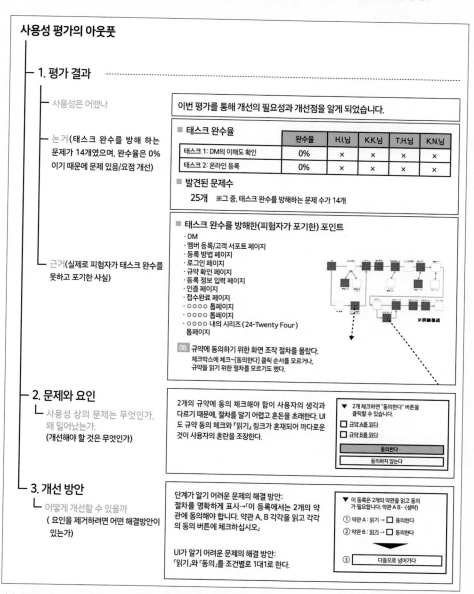

평가 리포트를 작성한 예 . 리포트 자체는 훨씬 간편하게 작성하는 경우도 많다 .

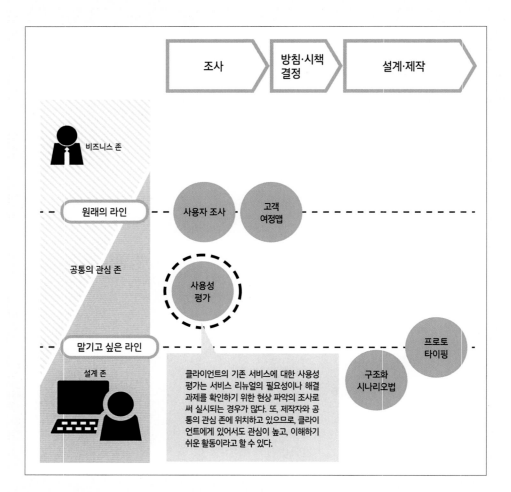

클라이언트의 기존 서비스에 대한 사용성 평가는 서비스 리뉴얼의 필요성이나 해결 과제를 확인하기 위한 현상 파악의 조사로써 실시되는 경우가 많다. 또, 제작자와 공통의 관심 존에 위치하고 있으므로, 클라이언트에게 있어서도 관심이 높고, 이해하기 쉬운 활동이라고 할 수 있다.

〈 실제 업무에서의 실천 난이도 〉 ....

몰래 연습	일부 업무에 적용	클라이언트와 함께
★	★	★

「우리 사이트는 사용하기 편한가요?」, 「개선 과제는 어디쯤으로?」라는 말을 클라이언트에게서 들은 적은 없나요? 직접적으로 이러한 질문을 받은 적이 없더라도, 서비스 리뉴얼 제안을 의뢰받았을 경우에는 서비스의 현재 상황을 바라보면서, 어디가 좋고 나쁜지, 어디를 개선해야 할지 등, 다양한 제안들을 생각하고 있을 겁니다.

경험을 토대로 한 주관적인 평가뿐만 아니라, 지금부터 설명하는 사용성 평가의 실시를 통해서 「서비스의 어디가 좋고 어디가 나쁘고, 어디를 개선해야 하는가?」를 찾는다면, 지금까지보다 한 단계 더 발전하는 성과로 이어질 수 있습니다.

웹 기반의 서비스에는 사용성 평가 기회가 많다

현재 우리는 컴퓨터, 스마트폰, TV 등 다양한 플랫폼에서 제공되는 서비스를 접하고 있습니다. 이 모든 서비스에 사용성 평가가 이루어질 수 있습니다. 특히 당신이 웹사이트의 설계나 구현을 실시하는 회사에서 근무한다면 현행 사이트의 개선 플랜이 요구되는 경우도 많을 것입니다. 그때가 사용성 평가의 실천 기회라고 생각해 주세요.

기업의 웹사이트 담당자는 액세스 로그를 정기적으로 확인하고, 웹사이트의 성과나 상태를 체크하고, 문제가 발생하면 원인이 무엇인지 찾습니다.

그러나 액세스 로그로부터 알 수 있는 것은, 웹사이트가 사용자에게 어떻게 이용되고 있는가의 경향 정도입니다. 이탈 경향을 통해서 페이지나 오브젝트의 문제가 있음을 파악하더라도, 구체적으로 페이지의 무엇이 문제인지, 그 요인은 무엇인지까지는 특정할 수 없고, 이래서는 확신을 가지고 웹사이트 개선 시책을 세울 수 없습니다.

사용성 평가를 활용한다면, 웹사이트의 문제와 요인을 특정할 수 있습니다.

**액세스 로그를 통해 페이지에 문제가 있다는 것은 알 수 있지만,
페이지 어느 부분이 문제가 있는지, 그 요인은 무엇인지 판단하는 것은 어렵다**

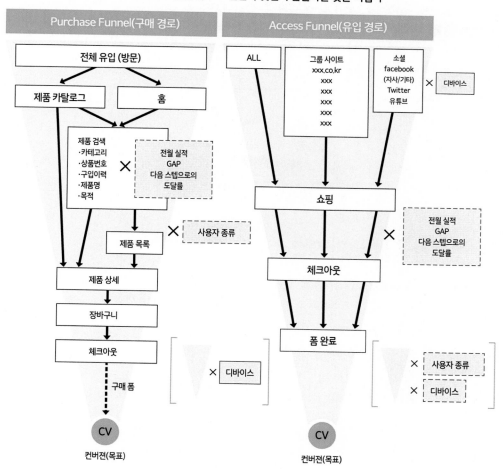

2-2 현장에서의 사용성 평가란?

사용성을 평가하는 것은 해당 프로그램과 서비스 설계의 타당성을 확인하는 것입니다.

어떤 사람이 어떤 상황에서 어떤 작업을 효율적으로, 불만 없이 완수할 수 있는지를 평가하는 것입니다. 한 유료 TV 채널 웹사이트의 사용성 평가 사례를 바탕으로 설명을 진행해 나가겠습니다.

예를 들어, 스마트폰으로는 메일과 뉴스 체크 정도밖에 사용하지 않는 사람이(어떤 사람이), TV를 보다가 유료 TV 채널을 신청해야겠다고 생각하고, 접수 번호로 전화를 했는데 통화량이 많아 스마트폰을 사용해 인터넷으로 신청을 하려고 했을 때(어떤 상황에서, 어떤 작업을), 지체하지 않고(효율적으로), 불만이 생기거나 하지 않고(불만 없이), 신청을 완료할 수 있는가(완수할 수 있는가)라는 것을 확인합니다.

어떤 사람이, 어떤 상황에서, 어떤 작업을 효율적이고 불만 없이 잘 완수할 수 있는지 확인한다

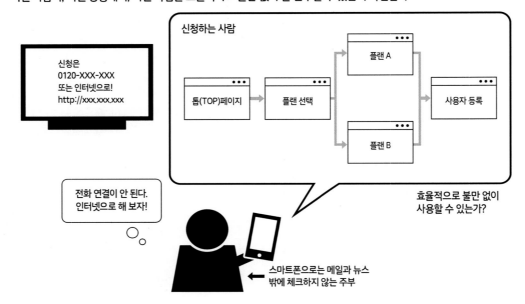

2-3 사용성 평가방법

사용자를 불러와 웹사이트를 어떻게 사용하는지 직접 관찰하고, 웹사이트의 문제점을 밝혀냅니다.

사용자를 부르지 않고 실시하는 방법도 있습니다만, 우선은 사용자를 불러와서 실시하는 「사용성 평가」의 방법에 대해 설명하겠습니다.

◇ 무엇을 하나?

사용자가 대상 웹사이트를 사용하는 것을 관찰하고, 웹사이트의 설계자가 상정한 대로 사용할 수 있는지를 파악합니다.

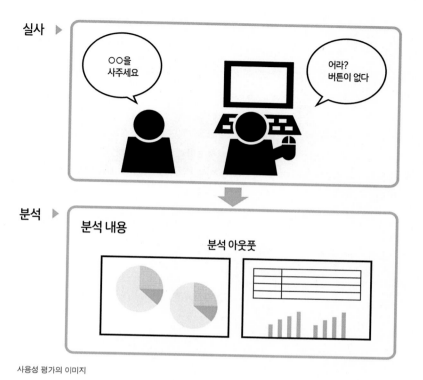

실사 ▶

분석 ▶

분석 내용

분석 아웃풋

사용성 평가의 이미지

여기서 중요한 것이 「사용하는 사람, 상황, 태스크(사용자에게 주는 목표)」를 설정하는 것입니다.

「사용하는 사람, 상황, 태스크」의 예.

사용하는 사람 : 드라마를 좋아하지만, 녹화 방법이 어려워 본방 사수만 고집하는 55세 주부.
상황 : 외출 계획이 있어 즐겁게 보고 있던 『24 Season IV』의 23화를 놓쳤다.
태스크 : 모 유료 TV 채널 온디멘드 사이트에서 『24 Season IV』 23화를 시청한다.

사용성은 「어떤 제품이, 특정 사용자에게, 특정 이용 상황에서, 지정된 목표 달성을 위해 이용될 때의, 유효성, 효율성, 사용자 만족도의 정도」라고 정의되어 있습니다(ISO 9241-11의 정의). 「사용하는 사람, 상황, 태스크」 중 어느 하나라도 다르면, 사용성의 좋고 나쁨은 달라집니다.

MEMO

◆ 웹사이트에서의 사용성의 중요성

웹사이트는 사용자가 독자적으로 이용하므로, 사용자의 사용 가능 여부가 분명히 나뉩니다. '특정한 사용자가 디바이스 조작이나 브라우징에 익숙한가, 사용자 등록 중에 나오는 「메일 주소 인증」의 의미를 아는가?'와 같은 지식에 의해 사용 여부가 간단히 나타납니다.

그 웹사이트를 사용하는 사람은 어떤 사람인가, 어떤 상황에서 어떤 목표를 달성하는(태스크를 행한다) 것인가, 이것들이 애매한 채로 개선된 웹사이트를 설계하는 것은 어려운 일입니다.

2-4 사용성 평가의 실시 순서

사용성 평가를 시작해 보는 것은 절대로 어렵지 않습니다. 실시 순서를 보면서 실제로 해 보세요.
사용성 평가의 실시 순서는 대체로 다음과 같이 정리할 수 있습니다.

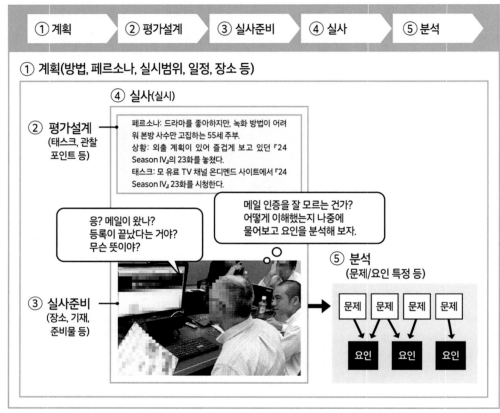

사용성 평가의 실시 순서

지금부터는 이 5개 절차에 따라서 실시 절차를 설명합니다.

◇ ① 계획

무엇을 위해, 누가, 언제, 무엇을, 어떻게 할지를 먼저 결정합니다.

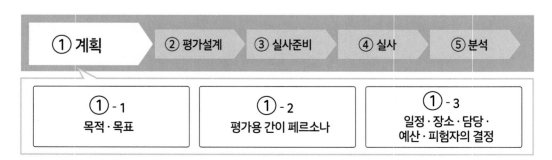

①-1 목적·목표

다른 업무들과 마찬가지로, 사용성 평가에 있어서도 목적·목표를 분명하게 수립하는 것은 중요하며, 또 처음에 실시해야 할 일입니다.

우선은 목적입니다. 평가를 실시하는 배경과 평가 결과의 활용 방법에 대해서 프로젝트 관계자와 명확히 해 두세요.

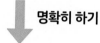

현재 사이트 사용의 편리성을 알고 싶다

명확히 하기

웹사이트 타깃을 서비스 이해도가 낮은 사용자에게까지 확대하고 싶다. 그 사람들의 실제 사용과 관련된 문제를 4주 후에 런칭하는 사이트 리뉴얼 프로젝트에 인풋하고 싶다. 예산은 요건 정의를 위한 현황 평가 비용 ○○백만 원으로 한다.

평가 목적의 예

다음으로 평가 결과 사용법(후속 태스크에서 어떻게 활용할지)을 확실히 해 줍니다. 웹사이트의 사용성 평가라면, 「얻으려고 하는 고객 컨버젼(Conversion)*이 이루어질 수 있을 것 같은지, 그럴 것 같지 않다면 무엇을 개선해야 하는지 요인을 분명히 한다」라는 설정을 하면 좋을 것입니다.

DM을 경유한 이용 개시가 가능한지 평가한다

명확히 하기

서비스 미인지(미등록)의 타깃 사용자가 등록 권유 DM을 경유하여 온디멘드 서비스를 이용할 수 있는지 평가한다.

이용을 방해하는 문제와 요인을 분명히 한다.

평가 결과의 예

---

* 컨버젼 (Conversion): 목표 또는 전환이라는 표현으로도 사용된다. 웹사이트를 방문한 사용자가 운영자의 의도 (회원 등록 , 제품 구매 , 카탈로그 청구 , 뉴스레터 가입 , 다운로드 등) 에 호응해서 목적이 되는 행위를 하는 시점을 의미한다. 제품 판매를 목적으로 마케팅을 한다면 사용자가 제품을 구매하는 시점이 전환이다. 그 밖에도 회원제 커뮤니티에서의 '회원 가입', 컨설팅 사이트에서의 '상담 신청' 등이 전환으로 정의될 수 있다.
http://marketology.co.kr/marketing/

①-2 평가용 간이 페르소나

사용자의 요구를 이해하고 충족시키기 위해 페르소나를 작성합니다. 페르소나란 웹사이트 설계나 디자인 등에 이용하는 타깃의 사용자 모델입니다.

사용성은 「사용하는 사람, 상황, 태스크」가 필요하다고 설명했지만, 페르소나는 이 중에서 「사용하는 사람」을 시각화한 사용자 모델이 됩니다.

조영옥 (55/여/주부)
「모르면 물어보면 돼」
취미: 테니스, 드라마 시청

- 가입경력: 반년   · 계약자: 남편   · 가입기안자: 본인
- 환경: 거실 소파, 50인치 TV, 녹화는 TV에 내장된 HDD로.
- 이용방법: 집에 있을 때는 애청하는 드라마를 본방 사수하고, 약속, 외출 등으로 놓친 회차는 시청을 포기한다.
- 과제(곤란한 것/고민): 놓친 드라마 회차는 녹화를 하고 싶지만, 방법을 몰라서 할 수 없었다.
- 인터넷 이용 리터러시: 검색이나 열람은 할 수 있지만, 인터랙션이나 선택이 많은 구조의 페이지라면 어렵다고 느낀다.

평가용 간이 페르소나의 예

페르소나는 어떻게 웹사이트의 설계를 할지 생각하거나 결정하기 위한 사용자 모델이므로 단순한 프로필이 아니라 해결해야 할 과제나 충족시켜야 할 요구를 알 수 있도록 만듭니다. 또, 과제나 니즈를 웹사이트의 설계로 해결하므로, 어떠한 해결법이 좋을 것 같은지 생각하거나 결정하거나 하기 위해서, 인간관계나 환경에 대해서도 알 수 있도록 만듭니다.

우리가 사용하는 물건이나 서비스를 디자인하는 사람들 대부분은 머릿속에서 사용자 모델을 떠올리며 디자인을 하고 있다고 생각합니다.

당신이 처음 페르소나를 만들 때는 다음의 예를 참고하여, 당신의 머릿속에 있는 사용자 모델을 보여 주기 바랍니다.

제품·서비스를 이용하는 인물의 특징·특성

특정하는 항목의 예

사용자의 특성	지식의 정도/경험의 정도/기능의 정도/신체적 특성/습관/취향
사용자의 업무	업무 절차/역할·책임/이용 목표/이용 빈도/지속 이용 시간
환경요인	하드·소프트웨어/관련 자료/물리적 환경/주위 인간과의 관계

페르소나를 정의할 때의 항목 예

사용성 평가를 실시할 때는 이렇게 만든 페르소나와 가장 비슷한 유형의 사람을 불러와서 실시하게 됩니다. 이렇게 불러온 사람을, 평가에 협력하는 사람이라는 의미에서「피험자」라고 부릅니다.

①-3　일정·장소·담당·예산·피험자의 결정

　이 단계에서 결정하는 것은 다른 분야의 업무에서도 대부분 공통적으로 고민하는 것이라고 생각합니다. 언제, 어디서, 누가, 얼마로 할지를 결정합니다.

　다른 분야 업무들과 크게 다른 점은 사용성 평가를 실시할 때는 피험자를 불러온다는 것입니다. 피험자들을 부르는 경우에는 적어도 실사(평가를 실시하는 것) 2주 정도 전에는 찾기 시작하는 편이 안전합니다. 어떤 사람을 피험자로 부를 것인지, 조건을 어떻게 설정하는지에 대한 작업은 그때까지 끝내야 합니다.

주	1	2	3	4	5	6	7	8
계획	▓	▓						
리크루팅				▓	▓			
평가 설계 1 (이용상황, 태스크)			▓					
평가 설계 2 (평가 경로/관찰 포인트/시간표 등)				▓				
실사 준비					▓			
실사						▓		
분석							▓	
리포팅								▓

사용성 평가의 경우 스케줄 예

◆ **정말 8주나 필요?**

에이전시 업무로써, 하나하나의 프로세스마다 일일이 승인을 얻으면서 진행하는 워터폴형의 진행이라면, 위의 예와 같이 8주 정도를 예상해 두면 안심입니다.

그렇다고는 해도, 평가를 위해서 8주간이나 프로젝트의 다른 업무의 진행을 멈출 수 있는 케이스는 적기 때문에, 다른 태스크와 병행으로 진행되도록 처리하면서 실시합니다. 계획 및 설계를 선행으로 진행하는 것은 당연한 일로, 평가 대상으로 하는 태스크 및 평가 대상 페르소나의 수를 줄이거나 (타깃 사용자가 2종류 이상 있을 때는 둘 중 더 중요한 페르소나에 대해서만 평가를 진행하거나), 계획을 짜면서 설계도 병행으로 진행하기도 합니다.

프로젝트의 기간은 늘어나거나 하면 보통 1~3주의 추가일수가 되는 경우가 많습니다. 그중에는 1주 정도로 마무리되거나, 극단적으로는 딱 맞게 0일로 추가일수를 방어하는 케이스도 있습니다.

단, 단기간에 이루어지는 사용성 평가는 평가설계 부분을 클라이언트에 맡겨서 시간을 단축하거나 클라이언트로부터 실사·분석에 도움을 받거나 하는 등, 클라이언트로부터의 신뢰나 클라이언트의 상응하는 협력이 있어야 한다는 전제가 필요합니다.

◇② 평가설계

사용성 평가에서는 실제로 사용자가 웹사이트를 이용할 때, 가급적 그대로 평가하는 실험 장면에서 문제가 출현하는 상황을 만들어낼 필요가 있습니다. 이것을 '평가설계'라고 부릅니다.

평가설계의 진행 절차

②-1 평가범위

어떤 경로를 대상으로 평가할지는 평가의 목표를 바탕으로 정할 수 있습니다.

평가목표

- 서비스 미인지(미등록)의 타깃 사용자가 등록 권유 DM을 경유하여 「온디멘드 서비스」 이용을 할 수 있는지 평가한다.
- 이용을 방해하는 문제와 요인을 밝혀 낸다.

평가경로

DM → ○○ 유료 TV채널 온디멘드 서비스 사이트 TOP → (⋯ 중략 ⋯) → 콘텐츠 시청 페이지

평가범위

웹사이트 설계를 할 때는 항상 컨버전과 유도 경로를 생각합니다. 우선은 톱(TOP) 페이지부터 평가하고 싶은 컨버전까지의 경로를 파악하면 수월할 겁니다. 단, 실제 경로(사용자가 스스로 선택하는 화면)는 한 가지가 아니기 때문에, 미리 평가하는 범위를 정해 두어야 합니다.

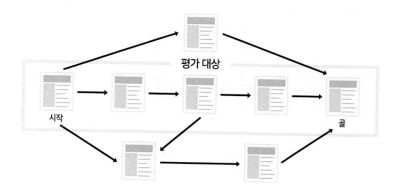

평가 대상

시작

골

MEMO

◆ 정한 범위 밖의 화면으로 나가버리는 돌발상황에서는 어쩌지?

실사 중에 피험자가 평가 범위 밖의 화면으로 이동할 수 있습니다. 이러한 경우는 모더레이터(실사를 진행하는 담당)가 피험자에게 말을 걸어 평가 범위 내로 돌아오게 합니다.

예를 들어, 사용자 등록 수속을 하는 중에 회사 개요 페이지를 찬찬히 보기 시작하면, 「일단 멈춰 보세요. 지금 어떤 정보가 필요해서 이 페이지를 보고 있나요?」라고 묻습니다. 피험자의 대답이 「이 회사가 신뢰할 수 있는 회사인지 궁금해서」라고 한다면, 모더레이터는 「당신은 이 페이지를 통해서 회사에 대해 신뢰감을 얻었고, 조금 전의 페이지로 이제 돌아갑니다」라고 촉구하여 평가 대상 범위로 되돌립니다.

왜 신뢰가 필요하였는지, 어떤 정보라면 신뢰감을 얻을 수 있는지, 이런 것도 중요하기 때문에 실사 후에 실시하는 사후 인터뷰에서 피험자에게 물어보면 좋을 것입니다.

②-2 태스크·시나리오

평가를 위해 태스크와 시나리오를 준비합니다.

태스크는, 평가 범위의 경로상의 문제를 발견할 수 있도록 설정합니다. 시나리오는 피험자가 태스크를 행함에 있어서 필요한 전제를 줄 수 있도록 설정합니다.

페르소나

조영옥 (55/여/주부)
「모르면 물어보면 돼」
취미: 테니스, 드라마 시청

- 가입경력: 반년 · 계약자: 남편 · 가입기안자: 본인
- 환경: 거실 소파, 50인치 TV, 녹화는 TV에 내장된 HDD 로.
- 이용방법: 집에 있을 때는 애청하는 드라마를 본방사수하고, 약속, 외출 등으로 놓친 회차는 시청을 포기한다.
- 과제(곤란한 것/고민): 놓친 드라마 회차는 녹화를 하고 싶지만 방법을 몰라서 할 수 없었다.
- 인터넷 이용 리터러시: 검색이나 열람은 할 수 있지만, 인터랙션이나 선택이 많은 구조의 페이지라면 어렵다.

시나리오

○○ 유료 TV 채널에 가입한 지 반년이 지나자, 드디어 프랑스 오픈이 다가왔다. 이후에는 윔블던 전미 오픈과 9월 중순까지 4대 메이저 대회가 이어진다.
1월 호주 오픈을 시청하기 위해서 가입했고, 드라마도 보긴 했지만 문득, '계속 돈을 낼만 한 가치가 있나? 보고 싶은 걸 자주 놓치기도 하고 말이야…'라는 고민을 하던 차에 ○○ 유료 TV 채널로부터 "온디멘드 서비스"라는 새로운 서비스의 DM이 도착했다.
10월 이후에도 가입을 계속 유지할지 잠깐 망설이고 있던 참에 「놓친 드라마 보기」라는 표지가 눈에 띄어 DM의 내용을 살펴보았다.

태스크

(1): DM을 일단 보고, 「온디멘드 서비스」가 무엇인지 이해했으면 알려주십시오.
(2): 컴퓨터를 이용해서, ○○ 유료 TV채널의 온디멘드 사이트에서 드라마 『24-TWENTY FOUR-시즌 Ⅳ』의 놓친 23화를 보도록 하세요. DM을 보면서 차근차근 진행하면 됩니다.

평가용 태스크 시나리오의 예

평가의 목표가 앞서 말한 예와 같이 「서비스 미인지(미등록)의 타깃 사용자가 등록을 권유하는 DM을 경유하여 온디멘드 서비스를 이용 할 수 있는지 평가한다」는 것이라면 「온디멘드 서비스 이용을 시작한다」에 있어서 어떤 문제가 있는지를 평가할 수 있는 태스크를 설정합니다. 태스크는 완료 상태를 확실히 알 수 있도록 작성하여, 완수할 수 있었는지, 아닌지만 분명히 합니다.

위의 평가용 페르소나·시나리오의 예에서는 태스크를 2개로 나누고 있는데, 이는 컨버전을 위해 (1) DM에서 서비스를 이해하고, (2) DM과 웹사이트를 보고 이용하기 위한 절차를 실행한다는 2단계가 필요하기 때문에, 작업을 구분했습니다. 작업을 구분함으로써 「DM에서 서비스 내용을 이해할 수 있는가?」와 「그 후의 절차를 할 수 있는가?」를 각각 평가할 수 있게 됩니다.

시나리오는 피험자가 「왜」 그 작업을 해야 하는지 알 수 있도록 설정합니다. 이 「왜」는 사용자가 찾는 정보가 다르거나, 사용자가 수용할 수 있는 인내의 정도가 달라지기도 하므로, 사용자의 실제 상황에 접근할 수 있도록 자연스러운 시나리오를 쓰도록 유의하시기 바랍니다. 이 작업은 평가의 목표와 태스크가 정해져 있으면 어렵지 않을 것입니다.

◆ 평가용 페르소나 시나리오를 간단하게 만드는 법

페르소나·시나리오를 작성하는 데 충분한 사용자 정보가 없거나, 사용자 조사를 새롭게 실시하기 위한 충분한 기간이나 예산이 부족한 경우가 많기 때문에, 평가용 페르소나·시나리오를 빠르고 간단하게 만들 필요가 있습니다.

평가용 페르소나·시나리오를 간단하게 만들려면, 가능하면 평가하는 대상의 웹사이트의 설계자와 관리자에게 조언을 듣고 나서 만드는 것을 추천합니다. 설계자는 웹사이트의 스테이크홀더의 다양한 요구를 바탕으로 설계를 하고 있기 때문에, 어떤 사람이, 어떤 상황에서, 어떻게 사용하는지 등을 파악하고 있습니다. 설계자에게 조언을 구하여 페르소나·시나리오를 작성한 후, 관리자에게 보여준 다음에 수정하면, 평가용 페르소나·시나리오를 빠르게 작성할 수 있습니다.

마지막으로 시나리오를 하나 더 써 봅시다. 「조작 시나리오」(4장 참조)라고 불리는 것이 있습니다. 조작 시나리오란 사용자가 태스크를 완수하기 위해 실시할 필요가 있는 구체적인 조작의 나열입니다. 톱(TOP) 페이지의 메뉴 버튼(GNB, 글로벌내비게이션) 내의 「드라마」 버튼을 클릭, 드라마 톱(TOP) 페이지의 메뉴 내의 「신규 콘텐츠」 버튼을 클릭과 같은 형태로 구체적으로 씁니다.

조작 시나리오가 있으면, 피험자가 웹사이트를 사용해 보았을 때, 어디를 조작 시나리오대로 사용할 수 없었는지를 알 수 있고, 문제 발견의 실마리로 삼을 수 있습니다.

화면		조작
「온디멘드 서비스」톱(TOP)	「온디멘드 서비스」 ○○ 유료 TV 채널 http://www.***.co.kr/***/	1. 등록 방법은 이쪽 클릭
등록 방법(reg_00)	등록 방법 「온디멘드 서비스」 ○○ 유료 TV 채널 http://www.***.co.kr/***/***/	1. ○○ 유료 TV 채널에 가입하고 있는 분 클릭 2. ○○ 유료 TV 채널 온라인 ID를 가지지 않는 분의 등록은 이쪽 클릭
온라인 ID 이용규약 확인 (reg_01)	온라인 ID 이용규약 확인 ○○ 유료 TV 채널 https://www.***.co.jp/***/***	1. 「○○ 유료 TV 채널 온라인 ID이용 규약」을 읽고 「개인정보 보호방침 및 취급규정」 읽기에 체크 2. 동의하기 클릭
등록 정보 입력 (reg_02)	등록정보의 입력 ○○ 유료 TV 채널 https://www.***.co.jp/*** /******/***	1. 온라인 ID[필수]입력 2. 패스워드[필수]입력 3. 메일 주소[필수]입력 4. 성별[필수]입력 5. 생년월일[필수]입력 6. 별명[필수]입력 7. 설문 모니터 등록 입력

조작 시나리오의 예

②-3 관찰 포인트

평가 시에 어디를 집중해서 볼 것인가를 미리 정해둡니다. 조작 시나리오까지 쓰고 있으면 평가 경로에 몇 가지 문제의 가설은 나와 있다고 생각합니다. 예를 들어, 「동의하기 버튼을 주의하고 있는가?」라는 것뿐만 아니라 「○○ 유료 TV 채널 온라인 ID의 의미를 알고 있는가?」라는 보이지 않는 것까지 써 내려 갑니다.

②-4 진행·준비물

당일의 구체적인 진행을 설계하고, 필요한 기자재나 인원을 결정합니다.

우선은 진행순서를 계획합시다. 실사에 사용할 수 있는 시간은 한정되어 있습니다. 피험자의 집중력을 유지하도록, 1회당 1시간 ~ 1시간 반으로 시간표를 작성하세요.

실사		05분	인트로 : 인사, 촬영허가, NDA(기밀유지 계약)
		05분	사전 인터뷰
		10분	피험자에 대한 설명 : 무엇을 평가할 것인가, 사고발화 (후술)에 대해
		10분	환경설정(PC)
		45분	태스크 실행(DM 확인 10분 이해 확인 & 보충 5분 등록 작업 30분)
		10분	사후 인터뷰
		05분	답례, 배웅
피험자 교체		30분	정리 & 환경 초기화 & 세팅

타임테이블의 예

다음으로 준비물입니다. 진행설계를 보면서 필요한 준비물을 준비합시다. 기본적인 준비물은 아래와 같습니다.

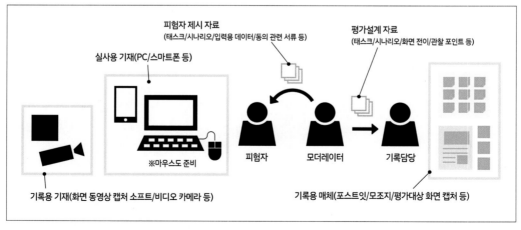

기본적인 준비물

기본적인 준비물을 베이스로, 평가설계와 당일 진행 계획에 따라 준비물을 준비합니다. 아래의 예처럼, 고사양의 PC를 요구하는 아이 트래킹(인간의 시선을 추적하여 기록하는 장치를 사용하여, 사용자가 향한 시선을 가시화하는 것)의 병행 실시가 예정되어 있는 경우에는, 혹여 PC가 버벅거릴 경우, 화면 동영상 캡처 프로그램의 동작이 불안정해질 우려가 있기 때문에, 만약을 대비해 비디오카메라의 조작 화면 촬영도 고려해야 합니다.

시설, 장비	회장(공간)	회의실
	컴퓨터	사내 기재
	녹음기×1, 디지털 카메라×2	사내 기재
	비디오카메라×1	화면 캡처 소프트의 동작 불량을 대비해서
문서	테스트 설계서	시나리오+태스크+화면 전이+관찰 포인트
	당일 진행표	타임테이블
	모더레이터용 토크 스크립트(대본)	
	교체용 문서	PC·브라우저·앱 등의 이니셜라이즈 순서 시트
	피험자에게 제공하는 테스트 자료	시나리오+태스크+입력용 더미 데이터
	동의 관련 자료	NDA(기밀유지 계약서), 개인정보에 관한 동의서
기록매체	모조지+포스트잇	기록담당은 포스트잇에 쓴 관찰 메모를 벽에 직접 붙임
기타 준비물	실시 중에 문 밖에 붙이는 주의서	
	빌딩 입구~접수까지 유도 안내판	

준비물의 예

◇ ③ 실사준비

실사를 위해 진행·자재로 정한 것을 실제로 준비하거나 작성합니다. 준비 중 특히 주의해서 진행했으면 하는 것이 프리테스트입니다.

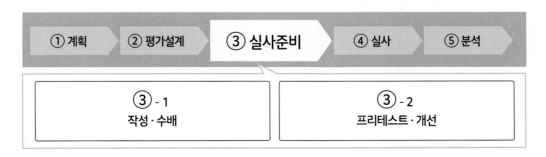

③-1 작성·수배

진행·준비물로 필요한 장소나 물건들을 파악할 수 있으리라고 생각합니다. 실사를 위해 필요한 것들을 이 것저것 물색하고 수배할 것들의 리스트를 작성합니다.

회사의 비품으로 대부분의 물건을 조달할 수 있을 겁니다. 비디오카메라나 녹음기는 스마트폰 앱으로도 대체가 가능합니다.

③-2 프리테스트·개선

프리테스트란, 사용성 평가의 설계가 평가의 목적 및 목표에 대해서 타당한가를 사전에 시험해 보는 것입니다. 프리테스트에서는, 사내의 동료 등 협력을 의뢰하기 쉬운 사람(단, 실시하는 사용성 평가의 내용이나 대상 사이트에 대해 모르는 사람)에게 피험자 역할을 부탁합니다.

프리테스트를 해 보면 시간 배분이 부적절하거나, 시나리오를 이해하기 위한 별도의 추가 자료가 필요하거나 하는 등의 문제를 실사 전에 발견하고 해소할 수 있습니다.

피험자를 불러오려면 아무래도 기간이 걸리고 몇 번이고 다시 시작할 수 없는 경우가 많으니, 프리테스트는 꼭 실시해 주세요.

◇ ④ 실사

실사에서는 이하의 7가지를 실시합니다.

④-1 사전설치

실사를 할 수 있는 물리적 환경을 만듭니다.

환경 만들기의 요령은, 피험자가 PC나 스마트폰 등의 이용에 집중할 수 있도록 하는 것입니다. 사람은 자신을 주시하고 있는 게 직접 보이거나, 누군가가 중간에 들어오면 침착해지지 못하므로, 파티션 등의 사용도 고려하면서 배치를 궁리합니다.

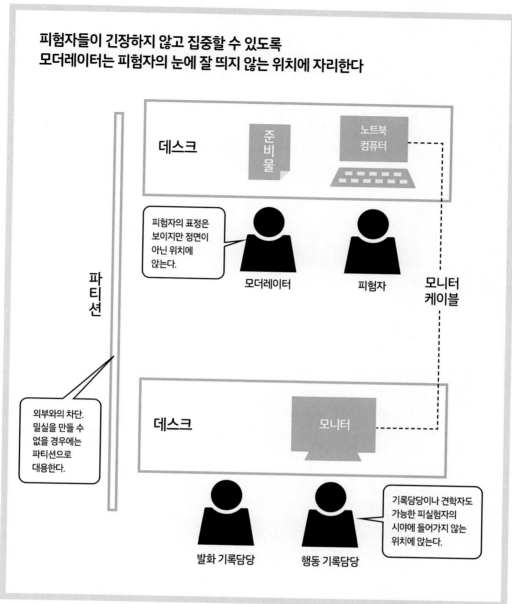

피험자들이 긴장하지 않고 집중할 수 있도록
모더레이터는 피험자의 눈에 잘 띄지 않는 위치에 자리한다

실사환경 배치 요령

④-2 안내·설명

▶ 피험자를 실사 회장까지 안내하고 , 실시 내용을 개략적으로 설명합니다 .

▶ 이 조사의 목적 (특정 서비스의 문제를 발견하는 것)

▶ 시키는 것 (해당 서비스 이용 · 조작 등)

▶ 대처 자세 (당신의 능력 평가가 아니라 해당 서비스에 내재된 문제를 평가하므로 , 잘하려고 노력하지 않기 · 평소대로의 마음으로 부담 없이 이용하기) 를 전합니다 .

④-3 사전 인터뷰

실사 이전에 사전 인터뷰를 진행합니다. 피험자와 페르소나의 차이를 파악해 실사에서 관찰할 때 고려해야 합니다.

또한, 피험자가 긴장하고 있을 수 있습니다. 그 때문에 평상시대로 해당 서비스를 사용하지 못하고, 평상시 같으면 나오는 문제가 나오지 않게 될 수도 있습니다. 사전 인터뷰에서는 웃는 얼굴로 고개를 끄덕이거나 맞장구를 반복하면서, 피험자에게 편안한 환경을 만들어 주세요. 무엇보다 중요한 것은 피험자에 대한 존중과 호의를 가지고, 그것들을 적극적으로 나타내는 것입니다.

「테스트」, 「피험자」라는 말에 긴장할 수도 있으므로, 「서비스 사용해 보기」, 「사용자」 등으로 바꿔 말하는 것도 중요합니다.

이와 같이 피험자와 신뢰 관계를 만드는 것을 「교감 형성」이라고 부릅니다.

④-4   실사

피험자에게 태스크를 전달하고 실행하게 한 뒤 관찰합니다.

④-4-1   태스크를 전하기

태스크를 시작함에 있어서 먼저 시나리오를 전달해 주세요. 시나리오는 해당 서비스(앱, 웹, 제품 등) 이용 배경(언제, 어디서, 무엇을 위해)을 피험자에게 이해시키기 위한 것입니다. 배경에 따라 사용자의 행동은 달라지므로, 얻을 수 있는 결과(=문제점)에도 변화가 생깁니다.

이때 주의해야 할 것이 해당 서비스의 사용법을 예상하는 힌트를 주지 않도록 하는 것입니다. 예를 들어, e커머스 사이트의 사용성 평가를 할 경우, 구입에 필요한 주소나 신용카드 번호 등의 정보는 태스크용으로 가공의 것을 전달해야 하는데, 사전에 알려주면 사용자는 「주소나 신용카드 번호를 어디선가 입력하는구나」 라고 예상해 버립니다.

이러한 힌트가 될 수 있는 정보는 사용자가 물어보게 되면 그때 제시하도록 하세요. 사용자의 실제 이용 상황에서는 신용카드 번호는 필요하게 되어서야 비로소 떠올리기 때문입니다.

또, 태스크를 전달할 때는, 사용자가 실제 이용 상황에서 머리에 떠오를 것 같은 정보나 단어 등을 이용하여 전달합니다.

여기서 유의해야 할 것은, 정보는 그 전달 방법에 따라서 사용법의 힌트가 되어버릴 수 있다는 점입니다. 예를 들어, 「이 e커머스 사이트에서 (사진을 보여 주면서) 이렇게 여러 가지 색상이 한 세트로 된 포스트잇을 ○개 사 주세요」라는 식의 태스크를 전달할 때, 구체적인 제품명을 피험자에게 전달해 버리지 않도록 주의합니다. 피험자는 알려준 제품명을 사용하여 찾기 시작하고, 실제로는 잘 찾지 못할지도 모르는데, 결국 찾기 쉬워지기 때문입니다.

또, 해당 서비스 이용 중에 생각하고 있는 것이나 생각한 것, 느낀 것을, 가능한 한 모두 말하도록 피험자에게 의뢰합니다. 이 방법은 사고발화법(Think-aloud protocol, 이하 TAP)이라고 부릅니다.

사고발화법 (Think-aloud protocol, TAP)

　예를 들어 앱이나 웹사이트의 경우, 사용자에게 「생각하고 있는 것이나 느낀 것을 모두 말하면서 웹사이트를 사용하세요」라고 의뢰합니다. 이로 인해 예상 밖의 사용 패턴을 보일 때, 그것이 왜 일어나는지 알게 됩니다 (사용 종료 후에 물어봐도 사용자는 그 순간을 명확히 기억하지 못하는 경우가 많습니다).

　사용자에 따라서는 실사를 진행하기 전에 이 사고발화법(TAP)을 한번 연습해보면 좋을 것입니다. 예를 들어, 녹음기를 건네주고 「녹음해 주세요. 녹음이 시작되면 '됐어요.'라고 말해주세요」와 같은 연습을 합니다. 피험자가 바로 「음~ 녹음 버튼은 어디에 있을까? 앗, 빨간 버튼이 있다, 이거겠지?」라는 식으로 말하기를 시작해 준다면 테스트를 계속 진행합니다. 반대로 묵묵히 녹음기를 만지기만 한다면, 「지금 어디를 보고 있습니까?」나 「지금 무슨 생각을 하고 있습니까?」라는 식으로, 당신이 적당히 발화를 재촉합니다. 도중에 발화가 멈춘 경우에도 마찬가지로 발화를 재촉합니다.

④-4-2　이용 상황을 관찰하기

　관찰에 있어서는 피험자의 이용 방법과 조작 시나리오와의 갭에 주의해 주세요.

　특히, 피험자의 행동(조작이나 피험자 자신의 거동 등)과 피험자의 발화(생각한 것, 느낀 것을 입으로 내보냄)를 자주 보도록 해 주세요.

　이후의 분석 파트에서 설명하지만, 행동과 발화는 각각 나누어 기록합니다. 발화는 피험자가 자신의 행동에 핑계를 대며 해석하고 있을 가능성이 있습니다만, 행동은 그러한 해석이 혼입되기 어렵습니다. 그러므로, 「행동＝사실／발화＝배경」으로 취급하고, 먼저 「행동＝사실」을 중시하고, 그 해석을 위해 「발화＝배경」을 참고하는 것으로 생각해 주세요.

　피험자의 이용을 관찰하는 중에 피험자가 왜 그런 행동을 했는지 이해가 잘 안 될 때가 있습니다. 사고발화를 통해서도 이해가 잘 되지 않을 경우에는, 왜 그런 행동을 했는지 피험자에게 물어보세요. 이때는 닫힌 질문의 「○○라서 그런가요?」가 아니라, 열린 질문의 「왜 그런가요?」로 묻도록 합니다.

◆ 관찰 중 '질문을 참아야 하는 경우'와 '과감히 질문해야 하는 경우'의 구분

　원칙적으로 태스크 실행 중에는 듣는 것에 집중하고 태스크를 마친 후에 사후 인터뷰를 하면 좋습니다. 왜 그 행동을 했는지, 그 페이지를 보여 주면서 물어보면 대개는 이유를 떠올리며 알려줍니다. 실시 상황을 녹화해서 그것을 나중에 재생하면서 물어보면 사용자가 생각해내기 쉬우므로 추천합니다. 태스크 실행 중에 이것저것 질문한다면, 그로 인해 사용자가 태스크 실행에 집중할 수 없게 될 수 있습니다.

　하지만 그 자리에서 잊어버릴 것 같은 일이라면 묻는 것을 참지 말고 태스크 실행 중에 듣도록 합시다. 피험자가 무의식적으로 취하고 있는 행동에 대해서는 나중에 물어보아도 그 행동을 인지하지 못했거나 잊어버려서 답변이 어려울 가능성이 높습니다.

여기부터는 기록에 대해 설명하겠습니다.

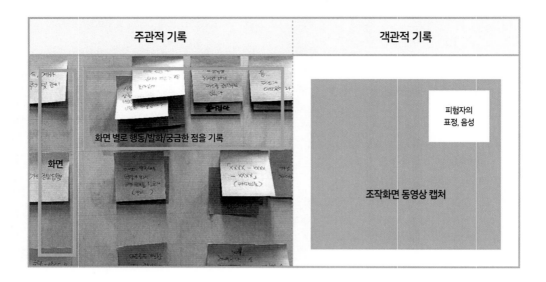

관찰한 결과는 기록하도록 하세요. 기록은 「객관적 기록」과 「주관적 기록」 2개의 기록이 있습니다.

객관적 기록이란, 조작 화면이나 조작의 모습을 동영상으로 기록하는 기록 방법입니다. 피험자가 조작하는 화면, 마우스의 움직임을 동영상으로 캡처하고, 아울러 피험자의 음성과 움직임이나 표정도 기록합니다.

주관적 기록이란 모더레이터와 기록담당이 관찰을 통해 궁금했던 것을 메모하는 기록 방법입니다. 조작 시나리오와의 갭에 주의하여, 문제가 있을 만한 것들을 기록합니다. 문제가 있을 만한 것들은, 사용성의 3가지 정의에 따라서 「할 수 있었는지」, 「효율 좋게 되었는지」, 「불만은 없었는지」라는 관점에서 보면 알기 쉬워집니다.

또 기록은 행동인지, 발화인지, 어느 화면의 어느 부분에 대해서 발생한 것인지에 대한 것들을 알 수 있도록 실시합니다. 이런 것들을 소수로 실시하기 위해 위의 그림과 같은 기록 방법을 자주 채용하고 있습니다.

④-5 사후 인터뷰

피험자들의 모습을 관찰하고 있으면, 궁금한 것이 차례대로 나와서 「왜」인지 묻고 싶어집니다. 피험자가 같은 곳을 왔다 갔다 하면 무엇을 찾고 있는지 궁금하기도 하고, 생각지도 못한 링크를 열거나, 버튼을 누르면 무엇에 곤란해하는 건지, 무엇을 요구하는지 궁금합니다. 이런 것을 물어보는 것이 태스크 실행을 마친 후에 하는 「사후 인터뷰」입니다.

관찰 중에 궁금했던 부분을 정리한 후 태스크 실행 후에 사후 인터뷰를 통해서 듣습니다.

◆ 사후 인터뷰의 타이밍

사후 인터뷰는 태스크 실행 후에 몰아서 듣습니다만, 한 번의 실사에서 연속하는 복수 태스크를 실행하는 경우에는 모든 작업이 끝나고 묻기보다는 한 태스크가 끝날 때마다 사후 인터뷰를 하는 게 좋습니다.

예를 들어, e 커머스 사이트에 대한 사용성 평가 시, (1) 상품을 찾아 장바구니에 담을 때와, (2) 회원 등록이 완료될 때, (3) 구입이 완료될 때까지의 태스크로 나눕니다. 여기에서 피험자가 회원 등록을 하지 못하고 진행을 더 이상 하지 못하는 경우에는 (2) 가 끝난 시점에서 일단 사후 인터뷰를 진행하세요. 실제 이용자의 실제 이용 상황에서는 (2) 의 회원 등록을 완료하지 않으면 (3) 구입 시점에 이를 수 없습니다. 즉, 실제 이용자가 (3) 구입할 때는 (2) 에서 생긴 의문을 해결한 상태입니다. (3) 구입할 때의 문제를 추출하려면 (2) 의 회원 등록이 완료된 상태여야 하므로, (2) 의 회원 등록 태스크 후에 사후 인터뷰를 실시하고, (2) 의 회원 등록에 대한 피험자의 의문도 함께 해소해 봅니다.

사후 인터뷰는, 궁금한 점이 있었던 해당 페이지를 피험자에게 보여 주면서 물어봅니다. 해당 부분을 피험자에게 제시한다면, 피험자가 그때 생각하고 있던 것이나 느꼈던 것을 더욱 쉽게 떠올릴 겁니다. 조작 화면을 마우스 움직임이나 동영상으로 캡처하고, 그것을 피험자에게 제시함으로써 피험자는 그때를 더욱 상세하게 떠올릴 수 있습니다.

사용성 평가에서는, 피험자 행동의 「왜」가 문제의 요인을 찾는 데 중요한 데이터가 되기 때문에, 사후 인터뷰의 시간은 반드시 확보되어야 합니다. 사후 인터뷰 시간은 태스크 실행 시간의 1/4 정도로 할당해두면 대개의 경우 중요한 질문에 관해서는 들을 수 있습니다. 예를 들어, 60분 동안 작업하면 15분 정도를 사후 인터뷰 시간으로 두면 좋을 것입니다.

MEMO

◆ 사후 인터뷰에서는 기록담당도 질문 가능

실사 중에는 원칙적으로 모더레이터만이 피험자와 이야기하지만, 사후 인터뷰에서는 기록담당도 질문을 해 주세요. 관찰하는 사람이 다르면 신경 쓰이는 부분에도 다소 차이가 있을 수 있습니다. 기록담당도 질문함으로써 모더레이터가 몰랐던 문제를 발견할 수도 있습니다.

④-6 사례·배웅·다음 세션 준비

▶ 피험자에게 사례를 전달하고 배웅하고 난 뒤 다음 세션 준비를 합니다.
▶ 사례는 영수증을 준비해 놓고 피험자에게 서명을 받습니다.
▶ 배웅은 감사를 담아 정중히 실시합니다.

다음 세션의 준비는 기재나 자재를 원래대로 다시 배치하여 바로 다음 세션을 실시할 수 있는 상태로 하는 것입니다. 다음 세션 준비에서 조심해야 할 것은 브라우저, 앱, 서비스 등의 사용 이력 삭제입니다. 페이지 열람 이력, 캐시, 쿠키 등을 그대로 두면, 다음 세션을 실시했을 때 다양한 문제가 일어날 수 있습니다. 예를 들어, 클릭해야 할 텍스트 링크의 색상이 이미 방문한 색으로 되어 있으면 평가의 힌트가 되어버린다거나, 입력 폼에 입력할 때, 이전 테스트에서의 입력 내용이 기록, 표시되어 불필요한 혼란을 초래하게 됩니다.

◇ ⑤ 분석

분석에서는 이하의 3가지를 실시합니다.

여러 이름으로 화면마다 행동이나 언어, 의문점을 돌아보고 ⑤-1~⑤-3의 관점에서 분석하면 될 것입니다.

⑤-1 문제의 무게

발견한 문제를 무게별로 분류함으로써 대응 우선순위를 결정할 때의 단서로 사용합니다. 무게 분류는 "유효성, 효율성, 만족도"로 분류합니다. 어디까지나 당신의 주관이 아니라 '사용자 모델'인 페르소나 입장에서 문제의 무게를 생각해 주세요.

유효성과 관련된 문제
사용자는 자신이 하고 싶은 일을 이룰 수 없다!

효율성과 관련된 문제
사용자는 효율적으로 하고 싶은 일을 할 수 없다!

만족도와 관련된 문제
사용자는 불쾌/불안 없이 하고 싶은 일을 할 수 없다!

「유효성」, 「효율성」은 특히 이탈 방지나 태스크(상품 탐색, 구입 수속)에 관련된 문제, 한편 「만족도」는 타인에게 하는 추천 의향「소문내기, 좋아요!」등의 사항이나 (재)이용 의향, 즉 「다시 사용하고 싶어, 사용해 보자」등에 관련된 문제라고 할 수 있다.

통상적인 프로젝트의 경우, 예산과 기간이 한정적이기 때문에, 발견된 문제에 대해서 대응해야 할 우선순위를 정하는 것이 요구됩니다.

⑤-2 문제의 요인

문제의 요인을 분석함으로써 무엇이 제거되어야 할 요인인지, 어떻게 제거할 수 있는지를 생각할 수 있습니다.

많은 서비스 기획자나 UX 디자이너, 웹 개발자들은 자신만의 지식이나 경험만으로도 요인 분석이 가능합니다만, 요인 분석도 방식을 결정하면, 많은 양의 문제라도 일정한 관점에서 분석할 수 있기 때문에 분석을 효율적으로 실시할 수 있고, 더욱 많은 문제를 깨달을 뿐 아니라, 프로젝트 팀원들에게 전하기도 쉽습니다. 자주 사용하는 방식은 도널드 노먼이 제창한 「좋은 디자인의 4 원칙」입니다.

1	**가시성**
	보기만 해도 무엇을 해야 하는지, 무슨 일이 일어나는지 알 수 있는 것.

2	**좋은 개념모델**
	사용자가 상상하는 시스템의 이미지와 실제가 일치하는 것 어떤 구조로 움직여서 어떤 조작을 해야 하는지가 알기 쉬울 것

3	**좋은 대응방법**
	조작 대상과 그 결과에 대한 대응을 예상 할 수 있음

4	**피드백**
	조작 후에 의도한 결과를 얻었는지 알 수 있음

「좋은 디자인의 4 원칙」은 도널드 노먼의 저서 『디자인과 인간 심리』(학지사 [개정증보판], 2016 년) 에서 자세히 이야기하고 있습니다 . 참고가 되는 책이므로 관심 있으신 분은 꼭 읽어 보세요 (2-5 말미의 MEMO 에는 상세 정보가 있습니다).

⑤-3 문제의 해결 우선순위

사용성 평가를 하다 보면 크고 작은 여러 가지 문제를 발견할 수 있습니다. 발견된 문제들이 모두 개선되는 것만큼 좋은 일은 없지만, 프로젝트 예산·기간이나 시스템상의 제약 등으로 모든 것들을 개선하기 어려운 경우도 많습니다. 그럴 경우, 어떤 문제를 우선적으로 해결하거나 개개의 문제를 어떻게 해결할지를 정해야 합니다.

어떻게 해결할지를 결정하려면 문제의 요인이 무엇인가를 밝힐 필요가 있습니다. 또 어떤 문제를 우선적으로 해결할지는 다음과 같이 문제의 크기와 해결 난이도의 양면에서 분석하면 쉽게 나타납니다.

		쉬움	중간	어려움	← 해결 난이도
유효성의 문제	대	높음	높음	중간	
효율의 문제	중	높음	중간	낮음	
만족도의 문제	소	중간	낮음	낮음	← <u>해결 우선도</u>

↑
문제의 크기

문제가 크고, 해결이 쉬운 문제의 해결 우선순위를 높게 합니다.

MEMO

◆ 몇 명을 하면 좋을까?

사용성 평가의 실시를 검토하고 있으면 「몇 명을 하면 충분한가?」, 「몇 번 하면 충분한가?」라고 묻는 경우가 자주 있습니다.

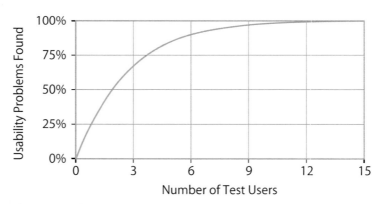

사용성 평가 실시 수와 발견될 문제의 수의 상관 ("Why You Only Need to Test with 5 Users" by JAKOB NIELSEN). 실시 인원을 거듭할 때마다 발견할 수 있는 문제의 수가 감소해 간다.

단, 우리의 경험상 같은 값이면 5명의 피험자 3세트보다 3명의 피험자 5세트를 하는 게 더 낫다고 판단합니다. 후에 나오는 프로토타입의 경우, 평가 결과를 바탕으로 설계를 개선한 것을 다시 테스트하면 눈에 띄게 결과가 좋아지니 1회당 인원보다는 횟수를 많이 하는 것이 좋습니다.

우리는 대개 1회당 최소 3명은 진행하려 하고 있습니다. 피험자가 한 명일 경우에는, 발생했던 문제가 다른 사람에게도 자주 발생하는 문제인지, 아닌지 판단이 어렵고, 두 사람뿐이라면 그 둘에게서 완전히 반대의 결과가 나왔을 때 어떻게 봐야 할지 고민하기 쉽습니다. 3명으로 하면 많은 사람에게서 나올 것 같은 문제와 그렇지 않을 만한 문제를 판별하기 쉽습니다.

◇ 우선 해 봅시다

사용성 평가가 필요한지, 아닌지를 판단할 수 있게 되려면, 그것을 실시함으로써 어떤 문제를 발견할 수 있는지 알고 있는 편이 좋습니다. 그러기 위해서라도, 지금 당신이 진행하고 있는 프로젝트에서 실제로 사용성 평가를 해 보는 것을 추천합니다.

누군가의 의뢰가 아닌 경우, 내가 할 수 있는 범위에서 내 마음대로 해볼 수 있고, 실패를 두려워하지 않고 할 수 있습니다.

> **MEMO**
>
> ### ◇ 사용성 평가 너머에 사용자의 니즈가 보인다
>
> 피험자 평가는 원래 물건(서비스)의 품질 평가로써, 사용자를 이해하기 위한 전문적인 수단은 아닙니다만, 사고발화법(TAP)으로 평가를 진행하다 보면, 사용자의 니즈가 보이게 됩니다.
>
> 이후 진행하는 사후 인터뷰를 통해 무엇을 목적으로 했고, 무엇을 어떻게 이뤘는지, 이런저런 것들을 묻다 보면 사용자를 보다 깊이 이해할 수 있습니다.
>
> 단, 사후 인터뷰에서 얻을 수 있는 답변들은 기능 개선과 관련된 표면적이거나 개인적인 요구 혹은 사용자의 이용 문맥의 이해로 보기에는 너무 단편적인 의견이 많습니다. 그것들을 듣는 게 의미가 없는 것은 아니지만, 그래도 사용자를 이해하고, 그들의 본질적인 욕구에 파고들고 싶다면, 사용자 조사를 설계하고 실시하는 것을 추천합니다 (5장).

2-5 사용자를 부르지 않는 「전문가 평가」

사용성 평가를 실시할 때, 항상 피험자를 섭외할 필요는 없습니다. 경우에 따라서는 사용자를 부르지 않고도 평가할 수 있는 평가방법인 「전문가 평가」를 계획 할 수 있습니다.

사용성을 평가하는 방법으로는, 크게 피험자 평가와 전문가 평가라는 2가지 방법이 있는데, 어떤 방법으로 실시할지는 평가 목적과 비용을 전제로 검토합니다.

		코스트 (예산·기간)	평가하는 물건에 필요한 구체성	알아야 할 것		
				태스크를 완수할 수 있는지	효율적으로 완수할 수 있는지	불만 없이 완수할 수 있는지
전문가 평가	휴리스틱 평가	낮음	높음	△	△	×
	인지적 워크스루	중간	낮음~높음	○	○	×
피험자 평가	사용성 평가	높음	중간~높음	◎	○	○

사용성 평가 기법의 비교

「사용자, 상황, 태스크」를 설정할 수 있으면, 당신이 직접 타깃 사용자가 되어 해당 서비스를 사용해 보고, 타깃 사용자에게 일어날 것 같은 문제를 발견할 수 있습니다. 이와 같이 설계나 평가의 프로가 평가하는 방법을 전문가 평가라고 부르고, 그중에서도 사용자가 되어 평가하는 방법을 인지적 워크스루라고 부릅니다.

인지적 워크스루

◇ 사용자를 불러오는 것이 좋은 경우

평가하는 사람과 실제 사용자의 스킬이나 지식이나 문화가 크게 달라서 상정하는 사용자가 되는 것이 어려운 경우에는 실제 사용자에 가까운 사람을 불러오는 것이 좋을 것입니다.

예를 들어, 디바이스나 인터넷을 사용하기 익숙하지 않은 사람이 타깃 사용자인 경우, 「URL이라는 말을 모르거나, 파란색 글씨에 밑줄이 붙어 있어도 그것이 링크임을 모르는」 등, 상정하지 않은 문제의 영역까지 다루게 됩니다. 해당 서비스나 제품의 설계 및 구현에 관련된 프로가 이런 사용자가 되려고 해도 한계가 있을 것입니다.

타깃 사용자가, 약사나 투자가와 같이 전문 지식을 가지는 사람인 경우나, 아이나 외국인 등의 경우도 마찬가지입니다.

◇ 전문가 평가의 실시 단계

전문가 평가에서는 당신과 같은 설계의 경험자가 해당 서비스 이용의 배경을 머리에 주입한 다음, 페르소나가 되어 태스크를 실제로 해 보게 됩니다.

조작 시나리오대로 사용할 수 없을 것 같은 곳, 사용할 수 있지만 망설일 것 같은 곳, 사용할 수 있고 망설이지는 않지만 불만을 가질 것 같은 곳을 메모합니다. 이것들이 사용성 상의 문제가 됩니다.

창문에 붙여 실시한 예

또, 실제로 실시를 할 경우, 조작 시나리오에 나오는 페이지를 미리 인쇄해서 나열해 두고, 거기에 포스트잇 등을 사용해 발견한 문제를 붙여 가면 편합니다(특히 여러 명이 결과를 분석할 때). 게다가 나중에 문제의 요인을 분석한 후, 요인도 문제 옆에 붙이면, 문제의 영역, 문제, 요인을 정리해서 볼 수 있습니다.

이렇게 해서 사용성 상의 문제를 발견해 갑니다.

2-6 편리한 사용성 평가방법의 여러 종류

사용성 평가의 방법은 앞서 설명한 사용성 평가와 인지적 워크스루뿐만이 아닙니다. 정량적으로 분석할 수 있는 기법과 카테고리 설계의 분류와 라벨을 평가할 수 있는 기법에 대해 설명하겠습니다.

◇ 정량적으로 분석할 수 있는 평가방법

사용성을 정량적으로 평가할 수 있는 방법으로 U'eyes Design 사가 개발한 "NEM"이라는 방법이 있습니다. NEM은 Novice Expert ratio Method의 약자로, 초보(처음 사용하는 사용자)와 숙련자(설계자 등 대상 서비스를 다 알고 있는 자)가 같은 작업을 했을 때의 소요 시간을 비교함으로써 문제를 발견하는 방법입니다.

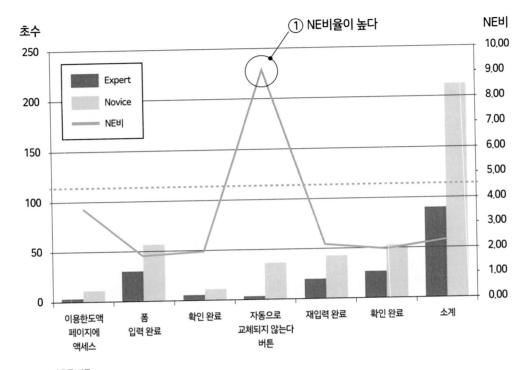

NEM 아웃풋 샘플

작업할 때의 절차를 여러 단계로 나누고, 그 단계별 소요 시간을 측정하여 NE비율(N: 초보자 소요 시간 ÷ E: 숙련자 소요 시간)로 나타냅니다.

예를 들어, 숙련자가 1분 안에 할 수 있는 태스크를 초보자가 5분이 걸렸다면 NE비율은 5.0입니다. 여러 태스크의 NE비율을 비교하고, 어떤 단계에서 큰 문제가 있는지를 찾거나, 임계값(NE비율 4.5 이상 필요 개선 등)을 설정하고 개선점을 확인할 수 있습니다.

주의해야 할 점은 시간을 계측하기 때문에 사고발화법(TAP)을 사용할 수 없다는 점과 여러 사용자의 평균값으로 평가하는 경우, 일부 극단적으로 빠르거나 느린 사용자의 결과에 전체의 결과가 크게 좌우된다는 점입니다. 실제로 한 금융 회사의 스마트폰용 앱을 NEM으로 평가했을 때 이상하게도 빠른 초심자가 있어서 NE비율이 1.0을 끊는 사태도 있었습니다. 다른 사용자와 비교해서 극단적으로 빠르거나 느린 사용자가 있을 경우에는 그 사용자의 계측값을 제외한 평균치도 내도록 해 주세요.

MEMO

사용성 평가는 매우 정성적인 평가기법이지만, 결과를 정량적으로 보고 싶을 때도 있습니다. 에이전시라면 클라이언트에게 보고할 때 결과를 정량적으로 보여 줄 것을 요구받기도 하고, 개별적인 문제보다도 결과를 총괄적으로 보고 싶기도 합니다. 그럴 때 사용할 수 있는 것이 NEM입니다.

◈ 카테고리 설계의 평가방법 (카드 소트)

카드 소트란 정보를 분류하는 방법 중 하나로 앱이나 웹사이트 등의 서비스 구조 설계의 평가에 사용됩니다. 콘텐츠명을 쓴 복수의 카드를, 카테고리명이 쓰인 카드의 근처에 배치하고, 콘텐츠를 카테고리마다 분류해 갑니다.

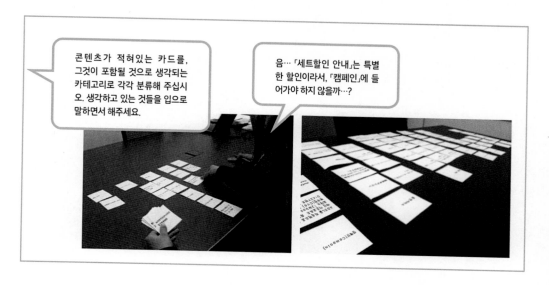

카드 소트를 실시하는 사람은 콘텐츠가 어느 카테고리에 있어야 할지를 생각하고 분류해 갑니다.

특정 콘텐츠가 어느 카테고리에 있을 만한지를 궁리해 보는 것은, 사용자가 실제로 앱/웹/서비스 미디어에 방문하여, 나열된 카테고리명에서 목적으로 삼은 콘텐츠를 찾을 수 있을 것 같은 카테고리를 추정하는 것과 같은 것입니다. 또, 콘텐츠를 어떻게 분류할 것인가는, 정보 설계나 다름없습니다. 즉, 카드 소트를 실시하는 것으로, 사용자에 의한 콘텐츠 분류와 정보 설계에 차이가 없는지, 있다면 그 요인은 무엇인지를 분석하고, 정보(카테고리 설계)를 평가할 수 있습니다.

카드 소트는 이하의 순서로 실시합니다.

1. 콘텐츠명의 카드를 카테고리별로 분류한다
2. 궁금했던 점에 대해 사후 인터뷰를 한다
3. 정보 설계와 사용자의 추정에 어떤 차이가 있는지 (또는 없는지), 차이는 어떤 요인으로 생겼는지 분석한다

차이의 요인을 찾으려면 사용자가 분류할 때의 「왜」를 알아야 합니다. 그 때문에, 사용자에게는 카드 소트가 한창일 때 생각하고 있는 것을 소리 내서 이야기하게(사고발화를 하게 함) 합니다.

또, 카테고리 분류 전체에 관련된 문제는, 한 가지 분류를 끝내고 나서가 아니면 발견할 수 없을 수도 있기 때문에, 궁금한 점은 카드 소트 중이 아닌 사후 인터뷰에서 확인하도록 합시다.

사용자가 정보 설계대로 분류한다고 해도 그 분류 의도가 정보 설계의 의도와 다를 수 있으므로 사후 인터뷰뿐만 아니라 카드 소트 중에 사고발화법(TAP)을 반드시 실시하도록 하세요.

◆ 사실은, 사용자 조사에서도 사용되는 카드 소트

카드 소트는 말하자면 「정보 설계의 사용성 평가」이지만, 사실 카드 소트는 물건에 대한 평가뿐만 아니라, 사용자의 사고모델 조사에 사용할 수도 있습니다. 카드 소트로 사용자 조사를 하면, 사용자가 정보를 어떻게 인식하고 분류하는지 알 수 있습니다. 이러한 조사방법을 오픈 카드 소트라고 합니다.

클로즈드 카드 소트	오픈 카드 소트
카테고리를 준비해 콘텐츠를 사용자가 분류하게 한다. 설계한 분류나 라벨이 사용자가 알기 쉬운지, 헷갈리거나 틀리는 곳은 어딘가, 이유는 무엇인가 등을 평가한다.	카테고리를 준비하지 않고, 사용자가 분류하면서 카테고리 이름을 정한다. 사용자가 대상의 물건이나 서비스를 어떻게 분류해 파악하고 있는지를 파악한다.
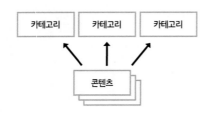	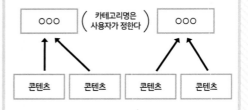

정보 설계를 하다가 정보분류 방법이나 카테고리 이름으로 고민하는 일은 많다고 생각하지만, 그럴 때는 몇 명의 사용자에게 오픈 카드 소트를 사용한 조사를 실시해 보면, 많은 깨달음과 힌트를 얻을 수 있을 것입니다. 꼭 시도해 주세요.

도널드 노먼의 『디자인과 인간심리』(개정증보판)
원제: The Design of Everyday Things
저자: 도널드 노먼
역자: 박창호
출판사: 학지사 (2016년)
ISBN: 9788999708862

실제 업무에서의 실천 난이도

몰래 연습	일부 업무에 적용	클라이언트와 함께
★	★	★

「몰래 연습」을 시작하려면?

　일반적으로 실무 현장은 코딩이나 비주얼 디자인 등 최종 아웃풋에 밀접한 업무가 많고, 콘셉트 결정이나 이를 위한 조사 등 상위 업무가 적은 경향이 두드러진다고 생각합니다. 그 때문에, 아웃풋에 가까운 사용성 평가는 제작자에게 있어서 「몰래 연습」에 임하기 쉽습니다.

　실제로 사내에서 UX 디자인 교육을 가 봐도, UX 디자인 프로세스의 순서에 따라 조사(리서치)부터 가르치는 것보다, 사용성 평가부터 가르치는 것이 훨씬 이해하기 쉬워하는 것 같았습니다.

　우선은 어렵게 생각하지 말고 편하게 연습해 보세요. 곧 깨달음이 있을 거라고 생각합니다.

「일부 업무에 적용」을 해 보려면?

　사용성 평가는 디렉터나 디자이너가 일상적으로 하고 있는 업무의 대체 수단으로써 실시할 수 있습니다.

　예를 들어, 클라이언트로부터 웹사이트의 평가를 의뢰받았을 때, 그 목적과 범위를 생각해 보세요. 클라이언트로부터 「휴리스틱 평가」를 의뢰받는 경우가 많지만, 특정 컨버전에 대해 평가해야 할 경우에는 웹사이트를 전체적으로 평가하는 휴리스틱 평가보다 태스크와 목표를 설정하는 사용성 평가나 인지적 워크스루가 적합합니다.

　인지적 워크스루라면 피험자를 모을 필요가 없는 만큼, 사내에서의 동의도 얻기 쉬울 것입니다.

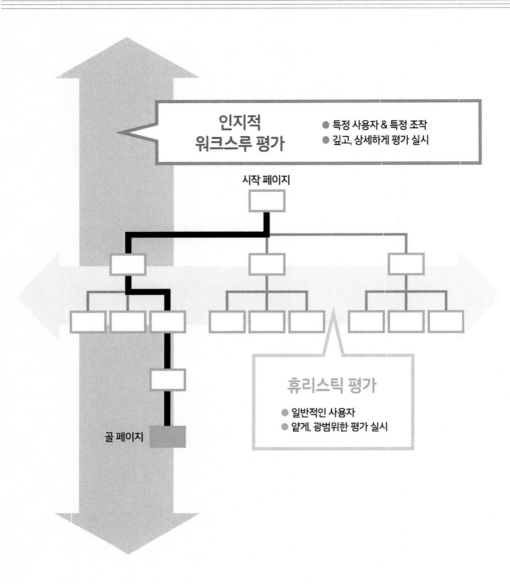

인지적
워크스루 평가

● 특정 사용자 & 특정 조작
● 깊고, 상세하게 평가 실시

시작 페이지

휴리스틱 평가

● 일반적인 사용자
● 얕게, 광범위한 평가 실시

골 페이지

「클라이언트와 함께」하려면?

　사용성 평가를 실시하면, 실제 사용자가 해당 서비스 관련 화면이나 페이지에서 사용법을 몰라 진땀을 빼거나, 사용성 조사 태스크 실행 중 일부에 대해서 심한 불평을 하기도 하기 때문에, 결과를 알기 쉽고, 클라이언트의 관심을 얻기 쉽고, 실무에 적용하기 쉬워집니다.

　해당 서비스의 개선안이 구해지면, 클라이언트를 끌어들일 기회입니다. 사내에서 피험자를 모아, 사용성 평가를 실시합니다. 피험자가 실제로 어려움을 겪고 있는 곳의 동영상을 클라이언트에게 보여 줍시다. 클라이언트가 피험자의 평가에 관심을 보이면, 「제안하기 위해서 임시로 작게 실시한 것입니다만, 많은 문제를 발견할 수 있을 것 같으니 제대로 실시하게 해 주십시오」라고 제안해 보세요.

사용성 평가 사례 소개

사용성 평가를 하기에 앞서, 실무 현장에서는 프로젝트에 맞추어 다양한 조정을 실시해 비용, 기간과 효과의 밸런스를 취하고 있습니다. 여기에서는 비용과 기간을 비교적 작게 억제한 라이트급 사례와 비용과 기간을 비교적 크게 잡은 헤비급 사례를 소개합니다.

【라이트급】사용성 평가 사례와 프로세스

〈 프로젝트 데이터 〉

기간	전가동*	체제
1주간	4일	UX 디자이너×3명 디렉터×1명 프로듀서×1명

* 1 인 기준 , 하루 8 시간 작업할 때 소요되는 기간

〈 목적 〉

매장 내 설치되는 고객용 태블릿 앱의 사용성을 향상시킨다. 와이어프레임 단계의 사용성 평가에서 찾은 문제가 그 후의 와이어프레임 수정과 디자인·코딩으로 해소되었는지를 검증한다 (와이어프레임 단계에서 사용성을 평가하는 방법은 다음 장에서 설명하겠습니다).

〈 프로세스 〉

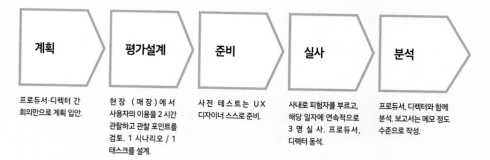

계획	평가설계	준비	실사	분석
프로듀서·디렉터 간 회의만으로 계획 입안.	현장 (매장)에서 사용자의 이용을 2 시간 관찰하고 관찰 포인트를 검토. 1 시나리오 / 1 태스크를 설계.	사전 테스트는 U X 디자이너 스스로 준비.	사내로 피험자를 부르고, 해당 일자에 연속적으로 3 명 실사. 프로듀서, 디렉터 동석.	프로듀서, 디렉터와 함께 분석. 보고서는 메모 정도 수준으로 작성.

〈 포인트 〉

사용성 평가를 위한 예산과 기간을 거의 잡지 못했기 때문에, 프로듀서·디렉터와의 협의를 통해 계획이나 평가설계를 단시간에 작성하고, 클라이언트가 실사에 배석해 실사 내용 공유 시간을 절약하고, 리포트를 간략화했다.

【헤비급】사용성 평가 사례와 프로세스

〈 프로젝트 데이터 〉

기간	전가동	체제	
3주	30일	UX 디자이너×4명 디렉터×1명 프로듀서×1명	

〈 목적 〉

은행권 금융 서비스의 이용을 위한 회원 페이지의 사용성을 향상시킨다. 스마트폰을 위한 UI가 페르소나에게 타당한지, 개선해야 할 문제는 무엇인지 검증한다.

〈 프로세스 〉

계획	평가설계	준비	실사	분석
기존 조사 자료를 바탕으로 페르소나 / 시나리오를 작성하고 몇 번의 고객 검토를 실시. 시나리오를 바탕으로 스토리보드(콘티) 제작.	페르소나 / 시나리오에 따라 UX 디자이너 4명이 각각 평가 설계안을 가지고와 상호 검토 후 최종 마무리. 4가지 시나리오에 대해 4가지 태스크를 설정. 과목 평가하기 전에 전문가 평가를 실시해 평가설계의 정확도를 향상.	실사가 이루어지는 장소와는 별도의 방에서 클라이언트 견학도 포함. 사전 테스트를 실시.	설문 조사 회사 등에 기등록된 인력 중에 페르소나에 가까운 조건의 피험자 5명을 불러오고 실시. 실사장소와는 다른 공간에서 견학하는 클라이언트를 위한 동영상(조작 화면+작업 모습)과 음성을 실시간으로 전송하면서 녹화.	NEM(2-5 참조)에 의한 정량 분석을 포함한 50 페이지 분량 정도의 보고서 작성.

〈 포인트 〉

타깃 사용자가 은행권 금융 서비스 이용자이며, 프로젝트 멤버가 사용자의 심리 상태를 포함한 앱 이용의 상황을 상상하는 것이 어려웠기 때문에, 사용자에 관한 조사 데이터를 많이 생산 및 참고하였다. 시나리오도 4개를 작성·평가하여, 사용자의 다양한 이용 패턴에 대한 사용성 평가와 개선을 위해 노력했다.

3장

러프하게 만들고,
사용·평가·개선을 반복하면,
보다 좋은 것을
빨리 만들 수 있다

프로토타이핑으로
설계를 개선

프로토타이핑은, UI부터 제품·서비스의 컨셉까지, 꽤 폭넓은 대상의 평가·개선을 목적으로 활용됩니다. 대상에 따라 프로토타입을 작성하는 타이밍이나 만드는 방법 또한 완전히 달라집니다. 이 장에서는 실무 현장에서 실시되는 경우가 많은, 설계·제작 단계에서의 프로토타이핑을 소개합니다.

프로토타이핑이란 ?

시제품과 평가·개선을 반복하는「프로토타이핑」

　프로토타이핑이란 제품·서비스의 완성본이 생기기 전에 프로토타입(시제품)을 만들고 평가하여 개선하는 것입니다. 완성본과는 거리가 먼 프로토타입이어도 실제로 만들어 보면 알 수 있는 것이 매우 많고, 특히 고도의 조작법이 필요할 때는 꼭 실시해 보는 것이 좋습니다.

프로토타이핑의 이미지

페이퍼 프로토타이핑의 아웃풋 예

실무에서 실시하는 프로토타이핑

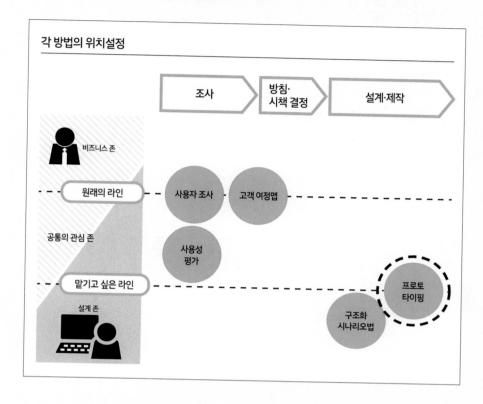

설계·제작 단계에서의 프로토타이핑은 「맡기고 싶은 라인」 위에 걸쳐 있기 때문에, 실무에서의 실천 난이도는 상황마다 다릅니다(자세한 내용은 이번 장의 후반부에 정리합니다). 클라이언트가 설계에 대한 관심이 강한 경우나 설계의 좋고 나쁨이 성과에 크게 영향을 미치는 프로젝트 등에서는 이해와 합의를 얻기 쉽기 때문에, 프로토타입의 실시를 적극적으로 제안해도 좋을 것입니다. 또 설계팀의 경험이 적은 경우에는 설계 품질을 유지하기 위해서라도, 규모를 따지지 않고 어떻게든 밀어붙여서 실시하는 경우도 있습니다.

〈 실제 업무에서의 실천 난이도 〉

몰래 연습	일부 업무에 적용	클라이언트와 함께
★★	★★	★★★ (★★★★)

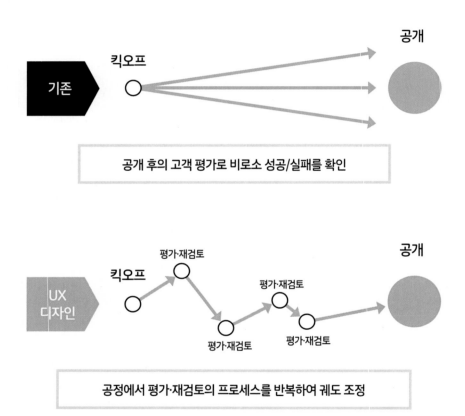

3-1 | 프로토타이핑의 종류

이전 장에서도 언급했지만, 프로토타이핑은 꽤 폭넓은 범위에서 실시됩니다. 우선은 어떤 것이 있는지, 가볍게 살펴보겠습니다.

만들어 가면서 진행하는 프로토타이핑이라는 방법은 매우 강력하기 때문에 선행 디자인 등에서 제품·서비스의 컨셉 자체를 시험할 때도 사용되며, 웹 현장에서도 UI의 정보 설계를 평가·개선하기 위해서나 UI의 인터랙션을 만들기 위해 사용되는 일도 늘어나고 있습니다.

기존 킥오프 → 공개

공개 후의 고객 평가로 비로소 성공/실패를 확인

UX 디자인 킥오프 평가·재검토 평가·재검토 평가·재검토 평가·재검토 → 공개

공정에서 평가·재검토의 프로세스를 반복하여 궤도 조정

특히, 최근의 스마트폰에서는 화면 전환이나 스와이프 등의 조작 피드백을 섬세한 애니메이션으로 표현하는 것에 대한 중요성이 커지고 있어서, 실제로 움직이는 것을 보여주고 UI의 인터랙션에 수정을 더해 가는 경우가 앞으로도 더욱 늘어날 것입니다.

이렇듯 폭넓게 활용되는 프로토타이핑 기법입니다만, 이 장에서는 특히 앱이나 웹 정보 설계에서 실시하는 프로토타이핑에 포커스를 맞추려고 합니다. 정보 설계의 와이어프레임에서 발생하는 문제들은 시간이 지날수록 수정하기가 까다롭기 때문에 특히나 중요합니다.

각각의 단계에 따라 사용할 수있는 프로토타이핑의 방법이 바뀐다

① 제품·서비스의 컨셉, 기획 그대로 입안

② 정보 설계, 주요 화면 흐름이나 기능 설계 등

③ 비주얼 디자인, 인터랙션

아직 구체적인 것은 아무 것도 없는 단계

주된 골격을 만들어 가는 단계

화면 내 요소 거의 결정, 그 겉모습 제작 단계

컨셉 테스트, 스토리보드, MVP 등

페이퍼 프로토타이핑, 오즈의 마법사, 등

사용성 평가 등

이번엔 여기

단계 ①은 UX 디자인 상급 편에 속하는 내용이고, 단계 ③은 UX 디자인이라기보다는 인터랙션 디자인에 가까워, 프로토타이핑 제작 툴과 연관이 있거나 제작 일정 조율로 해결할 수 있는 부분이기 때문에, 설명은 다음 기회에 하도록 하겠습니다.

MEMO

실무 현장에서는 사내 개발을 통해 실제 작동되는 목업(Mock-up)을 만들 수 있습니다. 이것은 완성판 전에 만들어지는 진짜 같은 물건이라는 의미에서는 프로토타입과 비슷하지만, 목적도, 작성하는 타이밍도 전혀 다른 별개의 개념입니다. 목업의 목적은 어디까지나 「제안 내용을 임팩트 있게 전달한다」라는 것으로서, 제안의 꽃이 되는 부분을 외견상으로는 보기 좋게 만들지만, 재빨리 평가·개선을 해나가는 관점에서는 이 겉모습이 오히려 방해가 될 수도 있습니다. 또, 원래 프로젝트 개시 전에 어느 정도 마음대로 만들어 버리는 것이므로, 사양이 비즈니스 측과 어긋나는 일이 많습니다. 어떻게든 수정해서 프로토타이핑용으로 사용할 수 있기도 하지만, 일단은 다른 개념으로 생각하는 것이 좋습니다.

정보 설계는 오늘날까지도 그 수많은 장면이 와이어프레임상에 표현되어 설계팀이나 클라이언트와 커뮤니케이션이 이루어지고 있습니다. 일부에서 전문 프로토타이핑 툴을 사용하는 케이스도 서서히 증가하고는 있지만, 아직까지 파워포인트나 엑셀로 만들어지고 있는 케이스도 꽤 있습니다. 이것들을 어떻게 평가·개선해나갈 수 있을까요?

◇ 설계 중인 와이어프레임의 사용성을 평가한다

일반적으로 사용성 평가는 피험자가 되는 사용자가 조작할 수 있는 것(링크가 살아있는 웹사이트 등)에 대해서 행해지지만, 아직 설계 도중이라면 당연히 HTML은 없겠죠. 그러나 이 단계에 있는 파워포인트나 엑셀의 와이어프레임으로도 사용성 평가를 해볼 수 있습니다. 바로, 「오즈의 마법사」라고 불리는 방법을 이용한다면 말입니다.

◇ 오즈의 마법사 방식

실시 풍경. 피험자 사용자 앞에 브라우저의 윈도우에 해당하는 종이가 있다.

오즈의 마법사 방식은 매우 간단합니다. 본래는 브라우저와 피험자의 액션(클릭 등)에 의해 이루어지는 인터랙션을, 브라우저 역할을 맡은 사람이 종이에 인쇄된 와이어프레임을 움직여서 대행하는 것입니다. 사용자는 종이의 와이어프레임을 웹사이트의 화면으로, 손가락을 마우스 포인터로 간주해 웹사이트와 같이 조작합니다. 링크를 클릭하면 브라우저 역의 사람이 링크 끝 페이지로 바꾸고 셀렉트 박스를 클릭하면 브라우저 역의 사람이 셀렉트 박스를 엽니다.

롤 플레잉 게임처럼 생각될지도 모릅니다. 확실히 얼핏 보기에 어른들이 공작 시간을 즐기고 있는 것처럼 보이지만, 이래 보여도 피험자는 곧 종이의 와이어프레임을 화면으로 보는 것에 익숙해져 실제 이용 상황처럼 일희일비하며 태스크를 해 줍니다 (인간의 유연성에 놀라곤 합니다!).

또 설계자 자신이 이 종이의 프로토타입을 만드는 과정에서, 눈으로 보고 손으로 만짐으로써 부족한 점이나 모순을 알게 되거나, 더욱 좋은 아이디어를 발견하는 부가적 효과가 있습니다.

여기서 발견된 해결과제에 대해서는 개선안을 생각하고 와이어프레임을 수정합니다. 제대로 된 평가 리포트를 만들 필요가 있는 경우는 별개지만, 과제와 해결책이 명확하게 프로젝트 내에서 확인 가능한 경우에는, 준비하고 있던 피험자 전원 분의 테스트를 완료하기 전에 와이어프레임을 수정하기도 합니다.

> **MEMO**
>
> 사용성 평가는 개발 공정 중에서도 빠른 단계에서 시행할수록 비용 대비 효과가 높습니다. HTML 코딩까지 끝나가는데 와이어프레임으로 거슬러 올라가 수정해 본 적은 없나요? 그 비용을 생각하면, 빠른 단계에서 문제를 해결해 두는 것이 유효하다는 것을 알 수 있다고 생각합니다. 물론, 비주얼 디자인을 하기 전의 것이기 때문에, 비주얼 디자인 후에는 해결될 법한 문제나 코딩 후에는 해결되어 있을 문제가 지적될 수도 있지만, 그러한 문제에 주의해서 비주얼 디자인이나 코딩을 실시하게 됩니다. 게다가 와이어프레임이 심플한 만큼, 비주얼 디자인 후에는 알아챌 수 없는 문제를 깨달을 수도 있습니다.

오즈의 마법사

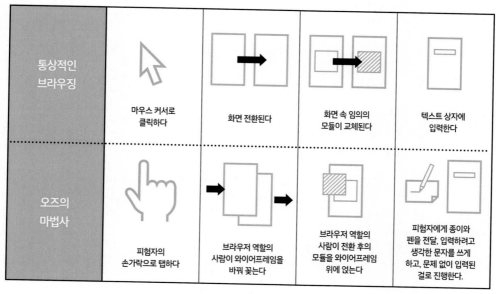

통상적인 브라우징	마우스 커서로 클릭하다	화면 전환된다	화면 속 임의의 모듈이 교체된다	텍스트 상자에 입력한다
오즈의 마법사	피험자의 손가락으로 탭하다	브라우저 역할의 사람이 와이어프레임을 바꿔 꽂는다	브라우저 역할의 사람이 전환 후의 모듈을 와이어프레임 위에 얹는다	피험자에게 종이와 펜을 전달, 입력하려고 생각한 문자를 쓰게 하고, 문제 없이 입력된 걸로 진행한다.

오즈의 마법사에서는 통상의 브라우징과 같은 인터랙션을 종이와 손으로 행한다.

3-3 페이퍼 프로토타이핑

오즈의 마법사 방식을 통해서 파워포인트나 엑셀로 설계 중인 와이어프레임의 사용성을 평가하고 개선하는 방식을 소개했습니다만, 이번에는 와이어프레임의 설계 업무 자체를 더욱 빠르게 진행하고 평가·개선으로 이어지는 방법을 알려 드리겠습니다.

◇ 페이퍼 프로토타이핑이란?

페이퍼 프로토타이핑이란 종이로 만든 프로토타입(페이퍼 프로토타입)을 사용해 평가와 개선을 해 보는 방법입니다.

페이퍼 프로토타이핑의 예

어떤 페이지가 있으면 좋을지 확인하기 위해 작성해 본, 추상도가 높은 페이퍼 프로토타이핑의 예입니다. 구체적인 문자는 화면 전환에 필요한 최소한의 요소만 적혀 있습니다. 또, 왼쪽의 이미지처럼, 사용자가 페이지를 보는 장면을 그리기도 합니다.

◇ 왜 종이로 만드는가?

페이퍼 프로토타이핑은 종이에 손으로 써서 작성하는 방법으로써, 소프트웨어나 프로그래밍 언어의 지식이나 스킬에 의존하지 않고, 누구나 재빨리 작성이나 수정을 하는 것이 가능합니다. 그 때문에 기획이나 설계의 초기 단계에 관계자들이 모여 평가와 개선을 반복하는 데 적합합니다.

바꾸는 것이 좋다고 생각되는 부분이 있으면 페이퍼 프로토타입에 포스트잇을 붙여서 변경하거나 접어서 숨기거나 하면 됩니다.

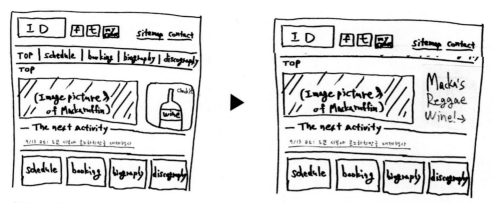

페이퍼 프로토타입의 수정 . 왼쪽이 수정 전 , 오른쪽이 수정 후 . 헤더의 메뉴 버튼 (GNB) 을 접어서 숨기고 , 화면 오른쪽의 와인병 이미지는 포스트잇을
위에 붙여 캐치카피로 변경

회의 중에 나오는 다양한 개선안을 그 자리에서 바로 반영함으로써, 그 개선안이 어떤 건지, 그게 쓸만한 것인지가 일목요연해집니다.

또, 눈에 보이는 형태로 반영되므로, 다음 아이디어가 생기기 쉽다는 특징도 있습니다. 즉, 개선을 검토하는 회의 안에서 관계자 사이의 합의를 얻어가면서 몇 번이고 버전 업을 할 수 있고, 여럿이서 함께 아이디어를 만들어내는 상승효과를 얻기 쉽습니다. 이처럼 명료함, 속도감, 상승효과를 실현할 수 있다는 점이 페이퍼 프로토타이핑의 가장 큰 메리트입니다.

◇ 페이퍼 프로토타이핑은 어떻게 진행하나?

페이퍼 프로토타이핑은 아래의 과정으로 실시합니다.

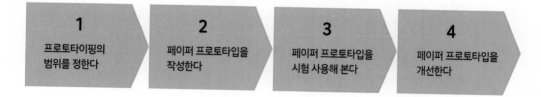

1	2	3	4
프로토타이핑의 범위를 정한다	페이퍼 프로토타입을 작성한다	페이퍼 프로토타입을 시험 사용해 본다	페이퍼 프로토타입을 개선한다

① 프로토타이핑 범위 정하기

프로토타이핑의 목적에 따라 필요한 대상 페이지나 프로토타입에 기재하는 정보의 디테일 정도 등을 검토합니다. 예를 들어, 설계 초기라면 가장 중요한 컨버전 경로만을 작성하고, 포함하는 정보들도 그 유도 경로를 유지할 수 있는 최소한으로 구성하는 것이 좋습니다. 불필요한 것들을 생략함으로써, 컨버전의 흐름이 부각되고, 단시간 안에 재조정을 할 수도 있습니다.

반대로 설계의 중반이라면 재이용이나 타인에게 추천하고 싶은 마음이 어디서 어떻게 생기는지 보기 위해서 다양한 메뉴나 체크를 화면상에 넣는 것도 필요하게 됩니다.

② 페이퍼 프로토타입 작성하기

필요한 페이지를 작성합니다. 직접 손으로 작성하든, 디자인이나 자료 작성용 소프트웨어를 사용하여 컴퓨터상에서 작성하든 상관없습니다. 그래도 일단, 처음에는 손으로 작성하는 것을 추천합니다. 손으로 직접 작성하는 것이 단시간 안에 작성할 수 있고, 작성한 안을 버리는 것에 대한 스트레스가 적기 때문에, 시작과 개선을 반복하는 반복 설계가 활성화되기 때문입니다.

③ 시험 사용해 보기

아이디어 확인과 개선에 관련된 멤버들이 회의실에 모여 페이퍼 프로토타이핑을 시행합니다. 각 멤버는 자신이 사용자가 된 셈 치고 프로토타입을 「시험 사용」합니다. 「관찰하는 것」이 아니라 「시험 사용」하는 것입니다.

시험 사용 풍경 . 평가자가 손가락을 마우스 포인터라고 여기며 시험 사용해 보고 있다 .

구체적으로는 다음과 같이 진행합니다.

1. 컨버전 유도 경로에 대한 화면 프로토타입을 만들기
2. 프로토타입을 사용자가 조작하는 순으로 나열
3. 타깃 사용자의 특성, 요구, 서비스 이용 배경과 같은 이용 상황을 페르소나/시나리오 등을 읽고 복습하기
4. 가상으로 타깃 사용자가 되어, 서비스 이용의 계기가 되는 장면을 보고, 해당 상황의 이미지를 기억하고, 랜딩 페이지에서 컨버전 페이지까지 프로토타입을 시험 사용해 보기
   프로토타입을 시험 사용할 때는 마우스 대신에 손가락으로 누르거나 키보드 입력 대신 입력 문자를 연필로 쓰거나 하면서 서비스 이용을 추진

5. 프로토타입을 통해서 얻은 인사이트를 메모. 이때, 나쁜 점뿐만 아니라 좋은 점이나 저스트 아이디어(바로 떠오른 아이디어)도 귀중한 인사이트로서 필히 메모
6. 개선하기

   시험 사용을 통해서, 사용자가 가치를 느낄 것 같은지, 잘 사용할 것 같은지, 어떻게 하면 좋아질 것 같은지를 생각해 갑니다. 수정안은 3-3의 그림 「페이퍼 프로토타입의 수정」처럼 그 자리에서 프로토타입에 반영시켜, 그 자리에서 다시 시험 사용을 실시해 봅니다.

◇ 페이퍼 프로토타이핑에 필요한 재료

   예를 들어, 웹 사이트의 페이퍼 프로토타이핑이면 펜, 종이, 가위, 풀, 이 4개만 있으면 실시 가능합니다. 단지, 붙이고 떼어내는 행위와 대상 디바이스에서 실제로 보았을 때의 가시 영역을 이미지화할 수 있는 것이 좋다는 이유로, 실무 현장에서는 몇 가지의 재료가 주로 사용되고 있습니다. 페이퍼 프로토타이핑에 필요한 재료들을 아래와 같이 소개합니다.

포스트잇	객체를 표현할 때 사용한다. 붙이거나 떼어낼 수 있기 때문에 오브젝트 교체나 이동을 표현하는 데 용이하다. 색상이 다양하지 않더라도 몇 가지 사이즈를 사전에 갖춰두면 사용하기 편하다.
복사 용지	오브젝트를 배치할 대지로 만들거나, 갖고 있는 포스트잇보다 더 큰 오브젝트를 그리는 경우에 사용한다. 손으로 직접 쓰거나, 여러 명이 쉽게 프로토타입을 보면서 토의하는 것을 고려해 대지는 실제 치수보다 큰 것이 좋다. 스마트폰용이면 B5 정도, 컴퓨터용이면 B4 정도가 적당하다.
재접착풀	복사지에 그린 객체를 대지에 붙이거나 떼어내는 데 사용한다. 스틱 풀이든, 테이프 풀이든, 스프레이 풀이든 상관없다. 없을 경우 셀로판테이프로 대신할 수도 있지만, 떼어낼 때 대지 손상이 적은 마스킹 테이프 같은 것을 사용하는 게 좋다.
펜	모듈, 부품이나 문자 등을 그리는 용도로 사용한다. 사인펜처럼 굵고 또렷한 글자를 쓸 수 있는 것이 좋다.
가위	복사지나 포스트잇을 적당한 크기로 자르는 용도로 사용한다.
두꺼운 종이	웹사이트를 열람하는 디바이스나 브라우저를 표현하는 용도로 사용한다.

페이퍼 프로토타이핑에 자주 사용하는 재료

3-4 프로토타이핑을 실시할 때의 주의점

프로토타이핑에 익숙해지면 무심코 저지르기 쉬운 주의점이 있습니다. 그것은 「오버해서 만들어버리는 것」입니다. 특히나 비주얼 디자인 경험이 있는 사람은 항상 주의해야 합니다.

지나치게 많이 만들거나 비주얼 중심이 되어버리면, 아래와 같이 여러 부작용이 발생합니다.

리소스의 낭비	당장 불필요한 비주얼 작업에 시간을 들임으로써 소중한 시간과 인력이 낭비된다.
평가·개선 속도의 저하	실물과 비슷한 외형을 유지한 상태로의 수정·개선은 일일이 손이 많이 가게 됨으로, 평가·개선 속도나 실시 횟수가 떨어진다.
쓸데없는 화제로 생산성 저하	평가 대상의 프로토타입이 예쁘게 만들어지고 있냐는 등의 불필요한 지적이 섞이고, 시나리오나 정보 설계에 대한 지적의 양이 줄어든다. 클라이언트를 포함한 프로젝트 멤버가 비주얼적인 부분의 논의에 몰두해 버리는 등 지금 이야기할 필요가 없는 화제의 수습에 더 손이 많이 간다.

프로토타입은 필요 최소한의 기능만을 구현하는 것을 목표로 하고, 프로젝트 멤버들이 모이는 프로토타이핑 장소에서는 화이트보드에 논점을 써 두어, 멤버들이 논점을 잃지 않도록 조치해두면 도움이 됩니다. 최소한의 주의사항들은 한두 번 연습해 보면 감이 잡히실 겁니다.

그렇다고는 해도, 프로토타입을 평가하고 있으면 본래의 목적과는 관계가 없더라도 유용한 아이디어가 떠오르는 경우가 있습니다. 모처럼의 아이디어이므로 이것들은 화이트보드 등에 메모해 둡시다. 다른 타이밍에 그 아이디어를 재이용할 수 있을 뿐만 아니라, 떠오른 아이디어를 정리해 이야기하게 함으로써, 본래의 논점을 생각하게 하고, 결국 집중력을 높여 주는 이점도 있습니다.

3-5 프로토타이핑 툴

요즘은 다양한 프로토타이핑 툴이 나오는 등 환경이 급격히 변화하는 중입니다. 전문 프로토타이핑 툴을 이용하면 내비게이션, 메뉴, 탐색 등 공통요소의 수정이 쉽습니다. 스마트폰 등 화면 요소가 심플한 것은 페이퍼 프로토타이핑으로 시행착오를 겪는 것보다 오히려 더 효율적입니다. 또 사용성 평가로 전환하기 쉬운 것도 장점입니다.

단지 다시 한번 주의해야 할 것은, 툴이 편리하고 표현력도 높기 때문에, 필요 이상으로 비주얼 중심이 되기 쉽다는 점입니다. 단순히 작성 중인 것을 더욱 알기 쉽고 인상적으로 전달하기 위한 목업이라면 좋습니다만, 평가·개선을 하기 위한 프로토타이핑이라면 과도한 디자인은 의식적으로 억제합시다.

현재 프로토타이핑 툴로는 파워포인트, 스케치, XD 등이 있지만, 여기서는 「inVISION」을 소개합니다. inVISION은 Photoshop 등의 디자인 툴에서 파일을 가져올 수 있으며 소스 파일의 갱신도 반영해 줍니다. 손으로 직접 쓴 프로토타입을 인식해서 읽어낼 수도 있습니다.

준비된 틀을 이용해 다른 페이지로의 링크를 간편하게 설정할 수 있습니다. 클릭과 호버의 작동도 설정할 수 있습니다.

코멘트 기능이 있어, 프로젝트 멤버로부터의 피드백을 임의의 장소에 남길 수 있습니다.

화면별 Status 관리도 갖추고 있습니다.

사용성 평가 기능도 있어 표정과 발화를 녹화·녹음하면서 화면을 기록할 수 있습니다.

inVISION   https://www.invisionapp.com/
Photoshop 이나 손으로 쓴 프로토타입을 읽고, 링크 등의 거동을 간편하게 설정해 사용성 평가까지 할 수 있는 무료 플랜도 있다.

실제 업무에서의 실천 난이도

몰래 연습	일부 업무에 적용	클라이언트와 함께
★★	★★	★★★ (★★★★)

「몰래 연습」을 시작하려면?

와이어프레임을 작성하거나 설계 업무를 하는 사람이라면 페이퍼 프로토타이핑 등은 비교적 손을 대기 쉬울 것입니다. 나 혼자서 페이퍼 프로토타이핑을 하면, 늘 하던 일이 단지 종이로 되고 불필요한 수고만 늘었다고 생각될지 모릅니다. 여러 동료와 화면 요소들을 손으로 만지면서, 곧바로 개선해 설계를 발전시켜가는 효과를 꼭 체감해 보세요.

「일부 업무에 적용」을 해 보려면?

프로토타이핑은 「맡기고 싶은 라인」에 걸쳐져 있지만, 이것은 반대로 말하면 「비즈니스 측(클라이언트 등)에게 승낙을 구하지 않고 설계의 일환으로서 제작자 측의 사정에 따라 마음대로 할 수도 있다」라고 말할 수 있습니다. 몰래 연습으로 하는 법을 배워 대략적인 수고와 소모되는 시간을 직접 느끼고, 프로젝트의 전체 스케줄과 비용에 큰 영향이 없음을 알았으면 빨리 실행으로 옮겨 봅시다.

프로토타이핑을 하는 것은 얼핏 프로젝트 기간이 늘어나는 것처럼 보입니다만, 피험자의 리크루팅 비용 등이 들지 않으면 추가적인 외부 코스트는 발생하지 않게 되며, 프로토타이핑을 해두면 후속 공정에서의 재작업이 줄어드는 경우가 많기 때문에, 경험상 전체적으로는 결산이 맞는 일도 많았습니다.

「클라이언트와 함께」하려면?

종종 비즈니스 측(클라이언트 등)이 관심을 가져주지 않는 프로토타이핑이지만, 대규모로 실시할 필요가 있거나, 비용이 드는 경우에는 역시 프로젝트로서 클라이언트의 승인이 필요합니다. 당연한 이야기지만 승인을 받기 쉬운 경우는 비즈니스 측이 설계에 대한 관심이나 노력이 강한 경우입니다(예를 들어, 설계 근거의 세세한 이유 설명이 필요하거나 비즈니스 성과에 민감한 경우 등).

또 반대로 비즈니스 측의 설계에 대한 관심이 약하다고 해도, 일단 한번 만들면 나중에 개선이 힘들거나, 비즈니스 영향에 설계 비중이 크거나(예를 들어, 대체 불가능한 업무용 시스템이나 이용자 수가 매우 많은 웹사이트 등), 또 완전히 새로운 것을 만들어야 하는데 설계팀의 노하우가 부족하거나(예를 들어, 신규 사업의 서비스 등), 이런 경우에 대해서는 프로젝트 규모가 크든 작든, 어떻게든 프로토타이핑을 실시하고 싶을 겁니다.

프로토타이핑의 「사례 소개」

본장의 서두에도 썼습니다만, 프로토타이핑은 그 대상·방식 모두 폭넓게 다방면에 적용될 수 있습니다. 여기에서는 기간을 전혀 잡을 수 없는 조건하에, 단기로 실시한 라이트급 사례와 비교적 기간이 잡힌 가운데 실시한 헤비급 사례를 소개하겠습니다.

【라이트급】 프로토타이핑 사례와 프로세스

〈 프로젝트 데이터 〉

기간	전가동	체제
0.5주	3일	UX 디자이너×1명 디렉터×1명

〈 목적 〉

온디멘드 인쇄 서비스의 인쇄면 디자인 입력 UI 설계의 타당성을 검증한다. 그러나 설계와 평가를 위한 스케줄이 짧고 부분적으로도 늘릴 수도 없다. 시스템 개선에 영향을 줄이기 위해 와이어프레임 작성 전에 화면 전환을 확정시킬 필요가 있고, 그 때문에 화면 전환(절차)과 화면(조작 UI) 모두에 설계·평가·개선을 실시하지 않으면 안 된다.

〈 프로세스 〉

프로토타이핑 범위를 정한다	프로토타입을 작성한다	프로토타입을 시험 사용한다	프로토타입을 개선한다
화면 전환 단계에 있는 동작 페이지 2개 만을 프로토타입 범위로 설정. 순서를 검증하기 위해서 화면 전환 설계 단계에서 프로토타이핑을 실시, 조작 UI도 검증하 기 위해서 와이어프레임 설계 단계에도 프로토타이핑을 실시.	화면전환 단계에서 각 화면에 해당하는 프로토타입을 작성. 와이어프레임 단계에서 각 화면의 세세한 프로토타입을 작성.	화면 전이 단계, 와이어 프레임 단계의 각각에 있어서 피험자 평가를 실시. 평가에는 UX 디자이너 외에 디렉터·프로듀서·클라이언트가 견학 참가.	UX 디자이너와 디렉터가 문제 요인 분석 을 하면서 개선 프로토타입을 그 자리에서 작성.

피험자 평가를 채용하면서도 프로토타이핑을 실시함으로써 스케줄에 대한 영향을 최소한으로 줄였다. 웹사이트 설계 경험이 많은 UX 디자이너가 디렉터와 짝을 이뤄 설계·평가·개선을 실시함으로써 설계의 기간을 단축하거나 페르소나/시나리오나 태스크의 디테일한 사항에 대해서는 클라이언트로부터 일임을 받음으로써 각각의 리뷰·피드백에 걸리는 기간을 삭감했다.

【헤비급】 프로토타이핑 사례와 프로세스

〈 프로젝트 데이터 〉

기간	전가동	체제	
2주	15일	UX 디자이너×1명 디렉터×2명 프로듀서×1명	

〈 목적 〉

모 골프장 예약 사이트의 검색 수단 중 하나인, 「지도에서 찾기」의 UI를 개선함에 있어서 설계 결과물의 사용성을 검증한다.

〈 프로세스 〉

프로토타이핑 범위를 정한다	프로토타입을 작성한다	프로토타입을 시험 사용한다	프로토타입을 개선한다
지도 검색 페이지에서 골프장까지 가는 방법(차로 친구를 픽업한 후, 골프장에 도착하는 길)을 알 수 있을 때까지를 범위로 지정.	지도상에 다양한 조작 모듈을 포함하는 페이퍼 프로토타입을 작성.	피험자 3명에 대한 평가를 실시. 평가는 UX디자이너와 디렉터가 주체로 진행.	평가 결과에서 문제점과 개선안을 알 수 있는 리포트를 작성하면서 클라이언트와 개선안을 적용.

〈 포인트 〉

검색 시스템의 사용성을 시스템 설치 전에 평가하는 것은 어렵지만, 그것을 어떻게든 평가·개선해야만 했다. 페이퍼 프로토타입으로 검색 결과의 모든 것을 준비하는 것은 불가능하기 때문에, 평가 경로를 한정하고, 그 대상에 대해서는 복수 패턴의 검색 결과나 팝업 모듈을 준비해 평가를 가능하게 했다.

4장

페르소나와 화면을 시나리오로 연결

이전 장에서는 프로토타이핑을 활용하여, 설계된 와이어프레임의 평가 및 개선 방법을 배웠습니다. 화면 설계를 하기 위해서는 먼저 어떤 사용자가 해당 서비스를 이용할지, 인물상(페르소나)을 구체화하고 인물에 의한 사용법(시나리오)을 생각해야 합니다. 이 장에서는 구조화 시나리오법이라고 하는 "미래 모습(to-be)"을 그리는 방법을 배워 보겠습니다.

구조화 시나리오법이란 ?

사용자의 「본질적인 욕구」=「니즈」를 사용자의 「가치」로 규정하고 그것을 충족시키는 시나리오를 3단계로 나누어 생각하는 것이 구조화 시나리오법의 특징입니다.

구조화 시나리오법은 일본 인간공학회 아고 디자인부회가 개발한 방법으로, 「비전 제안형 디자인」이라고도 불리며, "현재 모습 (as-is)"을 밝혀내어 문제 해결의 시나리오를 생각하기보다는, 이상적인 "미래 모습 (to-be)"을 그려내어 지금까지 없었던 새로운 앱이나 웹 또는 제품·서비스를 기획하는 데 적합한 방법입니다.

사용자는 자신의 욕구나 니즈를 충족시키기 위해 행동이나 조작을 하고 있다. 욕구나 니즈가 충족되면 그것을 「가치」라고 느낀다.
*KJ법 (친화 도법) 에 대해서는 5-5 에서 자세히 설명한다 .

정식적으로 구조화 시나리오법은 사용자의 「가치」뿐만 아니라 기업 측의 비즈니스적 요구나 제품·서비스가 갖는 「가치」도 시나리오에 포함합니다. 그럼으로써 기업 측에 있어서도 실현성이 높은 시나리오가 나옵니다만, 초보자에게는 난이도가 높기 때문에 이 책에서는 자세히 설명하고 있지 않습니다.

또한, 구조화 시나리오법에서는 3단계 시나리오의 명칭을 다음과 같이 영어로 정의하고 있지만, 이 책에서는 현지화하여 기재하고 있습니다.

「Value Scenario」	⟶	「가치 시나리오」
「Activity Scenario」	⟶	「행동 시나리오」
「Interaction Scenario」	⟶	「조작 시나리오」

구조화 시나리오법에 대해 자세히 알고 싶은 분은 『익스피리언스 비전: 사용자를 바라보며 즐거운 체험을 기획하는 비전 제시형 설계 방법론』을 꼭 읽어 보시기 바랍니다. 우리도 이 책을 매우 추천합니다.

익스피리언스 비전
사용자를 바라보며 즐거운 체험을 기획하는 비전 제시형 설계 방법론
저자: 야마자키 카즈히코 외
출판사: 마루젠 출판 (2012년)
ISBN: 978-4621085653

년 월 일

가치 시나리오	테마	「새로운 헤어케어 제품·서비스나 웹사이트 제안」

사용자의 본질적인 욕구	가치 시나리오	씬
날씨에 좌우되지 않고, 자신이 납득할 만한 머리스타일을 유지하고 싶다.	어떤 날씨에서도 항상 자신이 납득할 수 있는 머리스타일을 유지하고 싶다.	자기 전에 트리트먼트를 한다. 아침. 헤어 드라이. 세팅을 한다. 출퇴근 중에 머리스타일이 걱정된다. 직장에서 동료들과 일을 한다. 퇴근길에도 머리스타일이 걱정된다.

▲

사용자의 특징

1인 가구 여성(회사원 29세)

비오는 날에는 유독 머리카락이 안정되지 않고, 비가 오면 스스로가 「머리가 맘에 안 들어…」라고 생각해버리는 콤플렉스가 있다.
헤어케어 관련 정보는 유명인이나 여러 사람들의 평가도 신경쓰지만, 자신이 납득하는 것이 무엇보다 중요하다.

페르소나 사용자의 본질적인 욕망을 통해 사용자의 가치를 정리

년 월 일

행동 시나리오	테마	「새로운 헤어케어 제품·서비스나 웹사이트 제안」

사용자의 목표	행동 시나리오	태스크
자신이 납득할 만한 머리스타일을 유지할 수 있어야 한다.	오늘도 비가 내리고 있고, 일어나는 순간부터 머리가 부시시한 게 맘에 안들어서 우울하다. 아무리 아침에 헤어 드라이를 해도, 집에서의 상태가 회사까지 이어지는 건 아니기 때문이다.	아침에 헤어 드라이기로 머리를 정리한다. 지하철로 통근한다.

씬		
아침. 헤어 드라이. 세팅을 한다. 출퇴근 중에도 머리 스타일이 걱정된다.	출근 중, 직장 근처 역에서, 드라이기나 고데기 등, 헤어스타일을 세팅할 수 있는 공간을 발견했다. 안을 들여다보니 칸막이 덕에 주위에서도 보이지 않게 되어 있다. 오늘은 시간도 여유가 있고, 여기서 바로 무료 이용 등록을 하면 되니까 등록을 하고 들어가 봤다. 그 곳에는 헤어워터 등 여러 샘플이 놓여 있고 사용할 수 있어 좋다. 시험삼아 스스로 헤어 드라이를 했더니 왠지 평소보다 머리정돈이 잘 되는 것 같아 기분이 좋아졌다. 이러면 비오는 날도 두렵지 않고, 머리스타일과 메이크업을 함께 고칠 수 있어서 아주 도움이 되는 것 같다!	스마트폰 앱 화면에서 무료 이용 등록을 한다. 등록화면을 점원에게 보이고, 해당 공간에 들어간다. 해당 공간에서 머리 스타일을 다듬는다. 비치된 화장품 샘플로 메이크업을 고친다.

가치의 시나리오의 장면을 선택하고 행동의 시나리오로 구체화

조작 시나리오	테마	「새로운 헤어 케어 제품·서비스 및 웹사이트의 제안」

사용자의 목표

자신이 납득할 만한 머리스타일을 유지할 수 있어야 한다.

태스크

스마트폰 앱 화면에서 무료 이용 등록을 한다.

등록화면을 점원에게 보여주고 해당 공간에 들어간다.

조작 시나리오

① 무료 이용등록 설명 배너를 읽고 전용 앱(무료)이 필요한 것을 알게 된다.

② 간판에 QR코드가 있으므로, 스마트폰으로 찍고 앱을 다운로드한다.

③ 앱의 신규회원 등록은 SNS와 ID 연계가 가능하다하여, 나의 Facebo ok ID로 간단히 등록을 한다.

④ 앱이 GPS를 이용하여, 지금 있는 공간이 자동으로 표시된 것을 확인한다.

⑤ 앱으로 현재 위치 주변에 당일 바로 이용가능한 빈 공간 검색 버튼을 누른다.

⑥ 앱에서 검색결과 화면을 통해 빈 공간 발견, 바로 이용등록 버튼을 누른다.

⑦ 앱에 「사용 등록할 수 있습니다.」라는 화면이 표시된다.

⑧ 「접수원에게 보여주세요.」라는 표시를 읽는다.

⑨ 접수원에게 앱의 이용등록 화면을 보여주고 해당 공간에 들어간다.

행동의 시나리오 작업을 선택하고 세부적인 작동 시나리오를 고려

가치, 행동, 조작 각각의 시나리오는 전용 템플릿(4-7 참조)에서 설명하고 있습니다.

실무에서의 구조화 시나리오법

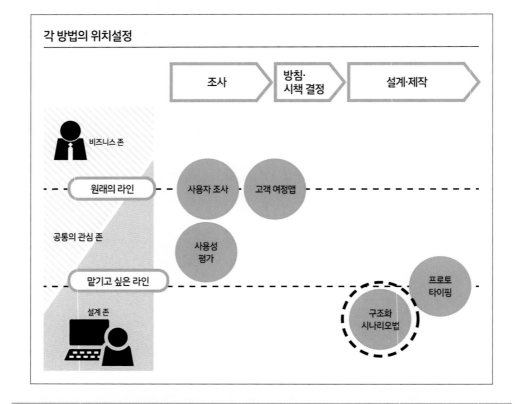

각 방법의 위치설정

조사 → 방침·시책 결정 → 설계·제작

4
장
▼
페르소나와 화면을 시나리오로 연결

구조화 시나리오법은 화면 설계의 이전 단계에서 사용하는 방법으로, 설계·제작 단계에서 「맡기고 싶은 라인」의 아래에 위치하고 있습니다. 클라이언트는 개발된 와이어프레임 등을 확인하는 것만이 일이라고 생각하거나, 시나리오 개발은 거의 제작(에이전시) 측의 업무로서 인식하고 있습니다.

그러므로 바로 앱이나 웹사이트의 와이어프레임을 작성하기 전에, 클라이언트에게 사용자의 사용 시나리오를 문장으로 정리해서 확인받는 편이, 그 이후에 이루어질 화면설계와 프로젝트 스케줄의 원활한 진행을 위해서 좋다고 생각합니다.

〈 실제 업무에서의 실천 난이도 〉

몰래 연습	일부 업무에 적용	클라이언트와 함께
★★	★★★	★★★★

웹사이트 등의 정보 설계 경험이 있는 분은 아마 화면설계에 들어가기 전에 머릿속에서 「사용자는 이런 목적을 가지고 있고, 이런 상황이라면 이런 화면이 필요할 것」이라는 시나리오를 떠올리고 있다고 생각합니다. 그것(머릿속 아이디어)들을, 새롭게 글로 쓰는 시간을 만든다고 생각하면, 「일부 업무에 적용」까지는 초보자도 할 수 있을 것입니다.

클라이언트와 함께 구조화 시나리오법을 진행하는 것은 초보자에게는 어렵다고 생각합니다. 수차례 연습하고 경험을 쌓은 후, KJ법(친화도법, 5-5 참조)이 익숙해진 이후에 소규모의 프로젝트를 통해서 시작해 봅시다.

페르소나가 사용자 눈높이를 알려준다

시나리오를 쓰기 위해서는 주인공이 필요합니다. 주인공의 인물상＝사용자의 눈높이가 되어 해당 서비스나 미디어를 이용하는 상황을 상상하고, 구조화한 시나리오를 작성해 갑니다.

◇ UX 디자인의 기초가 되는 페르소나

페르소나란 앱이나 웹사이트, 제품·서비스 등을 이용하는 전형적인 사용자의 인물상을 구체적으로 작성한 것입니다. 페르소나를 만드는 것으로, 「이 사람이라면 웹사이트의 이 콘텐츠를 보고 즐거워할 거야!」라든지, 「이 사람이라면 스마트폰 앱의 이 기능이 편리하다고 할 거야!」라고 하는 이용 장면이나 사용법, 또는 그때의 기분 등을 상상할 수 있습니다.

페르소나는 다른 방법과 조합하는 일이 많아서 「페르소나 없이 UX 디자인은 할 수 없다」, 「페르소나 없이 앱이나 웹사이트, 제품·서비스는 만들 수 없다」라고 해도 과언이 아닙니다.

◇ 페르소나는 어떻게 만들지?

페르소나는 공상이 아닌, 가능한 한 사실에 근거한 정보를 이용해 만들어 갑니다. 우선은 근거가 되는 사용자의 데이터를 찾아봅시다. 에이전시 측에서 조사를 하지 않아도, 이미 클라이언트 측에서 제공하는 기획서나 조사 자료 등이 있을 것입니다.

페르소나 작성을 위한 근거 자료나 데이터	페르소나 작성에 활용할 수 있는 항목들
기획서·제안서	타깃 속성으로서 나이, 성별, 거주지, 미·기혼, 직업, 수입, 가족 구성, 생활습관, 소유물, 취미·기호, 자주 보는 웹사이트 등이 기재되어 있는 것이 많다.
액세스 해석	월차 리포트와 같은 자료에 앱/웹사이트를 이용하는 요일·시간대, 빈도, 디바이스, 열람 페이지, 기능, 회원/비회원 등이 기재되어 있는 경우가 많다.
앙케트, 인터뷰 등의 조사 결과 리포트(클라이언트나 외부 리서치 회사가 조사한 자료 등)	연령, 성별, 거주지, 직업, 수입, 가족 구성과 같은 데모그래픽(인구통계학적)적인 숫자에 덧붙여 앱이나 웹사이트, 제품·서비스의 인지 경로, 이용 이유, 이용 빈도, 이용 기간, 이용 상황, 이용 장소, 이용한 감상·의견, 경합의 이용 상황 등이 기재되어 있는 것이 많다.

위와 같은 단서를 조금이라도 얻을 수 있다면, 우선 최소한의 항목으로 「간이 페르소나」를 만들어 봅시다(정성조사 예산이나 기간이 있는 경우에는 리서치회사를 경유해 사용자에게 인터뷰를 하는 등 정밀도가 높은 페르소나를 작성하기도 합니다. 또, 페르소나를 공감도로 정리하는 방법도 있습니다. 자세한 것은 7장을 읽어주세요).

간단하게 시작하는 방법

간이 페르소나는 아래와 같이 인물상의 기본적인 정보를 블록별로 나누어 작성합니다.

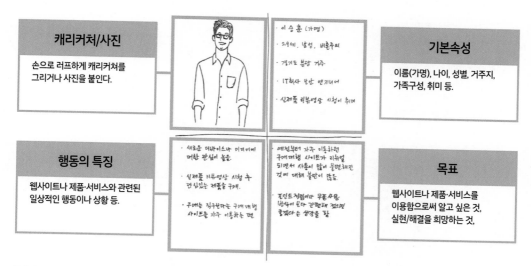

캐리커처/사진

손으로 러프하게 캐리커쳐를
그리거나 사진을 붙인다.

- 이 승 훈 (가명)
- 29세, 남성, 비혼주의
- 경기도 분당 거주
- IT회사 근무 엔지니어
- 신제품 리뷰영상 시청이 취미

기본속성

이름(가명), 나이, 성별, 거주지,
가족구성, 취미 등.

행동의 특징

웹사이트나 제품·서비스와 관련된
일상적인 행동이나 상황 등.

- 새로운 디바이스나 미디어에
  머짱 관심이 높음.
- 신제품 리뷰영상 시청 후
  관심있는 제품을 구매.
- 구매는 직구보다는 구매 대행
  사이트를 자주 이용하는 편

- 예전부터 자주 이용하던
  구매대행 사이트가 리뉴얼
  되면서 사용이 많이 불편해진
  것에 대해 불만이 많음.
- 포인트 저렴이라 쿠폰 사용
  난이도가 높다 간편하고 저렴이
  좋겠다는 생각을 함

목표

웹사이트나 제품·서비스를
이용함으로써 알고 싶은 것,
실현/해결을 희망하는 것.

간이 페르소나는 A4 용지 등에 작성하는 것이 가장 쉽고 빠르다.

혼자서 작성해 봐도 상관은 없지만, 동료나 프로젝트 멤버들과 대화해서 만들어도 좋습니다. 빠르면 10분 정도 만에 간이 페르소나를 만들 수 있습니다. 몇 시간씩 시간을 들일 필요는 없습니다.

◇ 이런 페르소나는 그만두자

페르소나 작성에서 하지 말아야 할 일이 있습니다. 예를 들어 클라이언트 측의 제안으로, 타깃이 F1층(마케팅 용어로, 20~34세 여성을 지칭)으로 이미 정의되어 있다고 해서, 페르소나를 20대~30대 초반으로 작성하는 것입니다. 대한민국에 있는 20~34세의 모든 여성을 하나의 인물상에 담을 수는 없습니다. 가능하면 20~34세 중에서 가장 이용자가 많은 나이를 기입하는 것이 베스트입니다.

이것은 연령에 대한 예시였지만, 「회사원」이나 「독신」 등도 일괄로 할 수 있는 것은 아닙니다. 취미나 행동의 특징 등을 중요시하면서 페르소나를 작성해 봅시다.

4-2 선입견 탈출을 위한 구조화 시나리오법

페르소나의 목적 달성을 위한 욕구와 니즈를 축으로 하면서 「가치」와 「행동」과 「조작」의 3단계로 나누어 시나리오를 써나감으로써 기존의 기업 눈높이에 머무르지 않는 사용자 경험의 설계가 가능합니다.

◇ 서비스 제공자 측이 생각하는 시나리오를 주의한다

앱이나 웹사이트, 제품·서비스의 기획·개발에 종사하는 제공자 측은 사용자를 위해서 매일 검토를 거듭해 개선안을 생각하고 있습니다. 아래 제시된 흔히 있는 케이스를 보면서 함께 생각해 봅시다.

예를 들어 웹사이트를 통한 문의에 대해

서비스 제공자 측은 무심코 자신이 할 수 있는 것부터 발상을 해버리기 쉽다.

사용자 측에서 보면, 웹사이트는 목적 달성을 위한 하나의 수단일 뿐이므로, 그러한 서비스 이용을 위한 수단이나 미디어(웹사이트, 앱, 제품 등)를 개선해도 근본적인 해결로 이어지지 않는 경우가 많습니다.

◇ 사용자가 달성하고 싶은 목적의 본질을 응시한다

고객 상담/문의에 대해 사용자와 인터뷰를 진행해 보면, 「웹사이트로 문의하는 것은 귀찮아서, 전화를 걸어서 해결하고 싶다」라는 말을 많이 듣습니다. 전화가 지름길로 인식된다면 톱페이지나 각 페이지에 문의 전화번호를 크게 표시하는 것을 검토해야 할 것입니다(전화 연결을 쉽게).

그러나, 사용자의 인터뷰를 살펴보면, 「기업 문의」라는 거창한 일보다는, 「알고 있는 친구에게 일단 묻는다」나 「인터넷은 아이들이 더 잘 알기 때문에 아들이나 딸에게 묻고 있다」라거나, 「사람과의 대화로 먼저 궁금증을 해결한다」라는 답변을 자주 듣습니다. 즉, 사용자는 바로 답을 알고 싶을 뿐이므로, 사용자에게 기업 웹사이트 문의 화면에서 문자를 입력시키는 것은 최선책이 아니라는 것을 알 수 있습니다.

이러한 사용자들의 본심은 우리 자신을 되돌아봐도 극히 당연한 마음인데, 왜 잊어버리는 것일까요? 그것은, 기업 측에서 화면 구성이나 UI 등의 「조작 시나리오」를 중심으로 생각하고 있기 때문입니다. 다시 말해서, 자기중심적인 시점에서 발상하는 덫에 무심코 빠지기 때문입니다.

사용자의 본심에서 나오는 가치나 행동은 「바로 답을 알고 싶을 뿐이지, 일부러 수고스럽게 글을 쓰고 싶지 않아」이므로, 사용자의 가치나 행동을 먼저 알아내고, 그다음 조작 시나리오를 생각해야 하는 것입니다.

4-3 가치 시나리오

페르소나가 가진 본질적인 욕구를 충족시키기 위한 최소한의 시나리오를 생각합니다.

◇ 가치 시나리오는 어떻게 쓰지?

가치 시나리오를 쓰기 위해서는 새로운 제품·서비스를 기획하는 전제하에 사용자를 조사해 페르소나를 만들어야 합니다.

가치 시나리오는 그 페르소나의 속마음이나 본질적인 욕구에 주목하여 그것을 실현하는 최소한의 시나리오만을 작성합니다. 구체적으로 어떤 제품·서비스를 이용하는지 등의 디테일은 아직 쓰지 않기 때문에 추상적이고 심플한 문장이 되는 경우가 많습니다.

캐리커처/사진과 캐치카피	기본 속성
머릿결이 콤플렉스인 여자	이름 : 김○○ 씨 연령·성별 : 29세(여자) 거주지 : 분당(친정은 강북) 가족 : 혼자 생활 직업 : 인터넷 매체 영업

헤어케어에 관한 행동들	헤어케어에 관한 목표
· 화장품에 관한 블로그 등의 리뷰나 SNS의 정보를 자주 찾아본다. · 자기 전에 머리에 트리트먼트, 케어를 하고 있다. · 미용실에 갔을 때, 담당 미용사가 추천해준 헤어케어 용품을 사용한 적도 있다(실제로 효과를 보았다).	· 머리의 부시시함을 억제하고 싶다. · 비오는 날은 머리가 특히 더 부시시해져 버리기 때문에 집에서 세팅한 상태를 회사까지 유지하고 싶다. · 다소 가격이 비싸더라도 효과가 있는 헤어 제품이라면 구매할 의향이 있다.

간단한 페르소나지만 리얼리티가 있다.

가치 시나리오	테마	「새로운 헤어케어 제품·서비스나 웹사이트 제안」

년   월   일

사용자의 본질적인 욕구

날씨에 좌우되지 않고, 자신이 납득할 만한 머리스타일을 유지하고 싶다.

▲

사용자의 특징

1인 가구 여성(회사원 29세)

비오는 날에는 유독 머리카락이 안정되지 않고, 비가 오면 스스로가 「머리가 맘에 안들어…」라고 생각해버리는 콤플렉스가 있다.
헤어케어 관련 정보는 유명인이나 여러사람들의 평가도 신경쓰지만, 자신이 납득하는 것이 무엇보다 중요하다.

▶

가치 시나리오

어떤 날씨에서도 항상 자신이 납득할 수 있는 머리스타일을 유지하고 싶다.

NG 시나리오의 예

어떤 날씨여도 헤어케어 상품과 드라이기를 사용하여 항상 스스로 납득가능한 머리스타일을 유지할 수 있다.

→ 구체적인 상품이나 도구를 사용하는 「행동 시나리오」가 들어가서는 안 됨!

씨

자기 전에 트리트먼트를 한다.

아침. 헤어 드라이. 세팅을 한다.

출근 중에 머리스타일이 걱정된다.

직장에서 동료들과 일을 한다.

퇴근길에도 머리스타일이 걱정된다.

불필요한 부분을 다듬어 낸 가치 시나리오는 아주 짧은 문장이 될 수도 있다.

다음으로, 그 「가치 시나리오」에 따라 사용자가 행동하는 장면을 「씬」으로 떠올려 하나하나의 행동으로 분해하여 단적으로 기재해 갑니다. 이 하나하나의 장면(씬)들이 「행동 시나리오」의 기초가 됩니다.

4-4 행동 시나리오

페르소나가 본질적인 욕구를 충족시키기 위해 어떤 목표를 세우고 어떻게 행동을 해나갈지 생각해 갑니다.

◇ 행동 시나리오는 어떻게 쓰지?

행동 시나리오는 먼저 사용자가 무엇을 위해 행동하는지, 그 목표를 간단히 기재합니다. 다음으로, 가치 시나리오에서 기술한 장면을 문장의 골자로 하면서, 사용자가 어떤 행동을 해나가는지 살을 붙여서 「행동 시나리오」를 작성합니다.

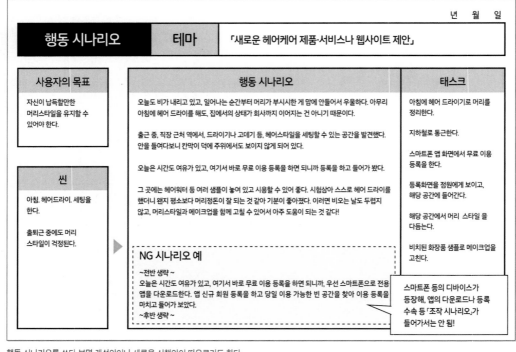

년 월 일

행동 시나리오	테마	「새로운 헤어케어 제품·서비스나 웹사이트 제안」

사용자의 목표

자신이 납득할만한 머리스타일을 유지할 수 있어야 한다.

씬

아침. 헤어드라이. 세팅을 한다.

출퇴근 중에도 머리 스타일이 걱정된다.

행동 시나리오

오늘도 비가 내리고 있고, 일어나는 순간부터 머리가 부시시한 게 맘에 안들어서 우울하다. 아무리 아침에 헤어 드라이를 해도, 집에서의 상태가 회사까지 이어지는 건 아니기 때문이다.

출근 중, 직장 근처 역에서, 드라이기나 고데기 등, 헤어스타일을 세팅할 수 있는 공간을 발견했다. 안을 들여다보니 칸막이 덕에 주위에서도 보이지 않게 되어 있다.

오늘은 시간도 여유가 있고, 여기서 바로 무료 이용 등록을 하면 되니까 등록을 하고 들어가 봤다.

그 곳에는 헤어워터 등 여러 샘플이 놓여 있고 사용할 수 있어 좋다. 시험삼아 스스로 헤어 드라이를 했더니 왠지 평소보다 머리정돈이 잘 되는 것 같아 기분이 좋아졌다. 이러면 비오는 날도 두렵지 않고, 머리스타일과 메이크업을 함께 고칠 수 있어서 아주 도움이 되는 것 같다!

NG 시나리오 예

~전반 생략 ~
오늘은 시간도 여유가 있고, 여기서 바로 무료 이용 등록을 하면 되니까, 우선 스마트폰으로 전용 앱을 다운로드한다. 앱 신규 회원 등록을 하고 당일 이용 가능한 빈 공간을 찾아 이용 등록을 마치고 들어가 보았다.
~후반 생략 ~

태스크

아침에 헤어 드라이기로 머리를 정리한다.

지하철로 통근한다.

스마트폰 앱 화면에서 무료 이용 등록을 한다.

등록화면을 점원에게 보이고, 해당 공간에 들어간다.

해당 공간에서 머리 스타일 을 다듬는다.

비치된 화장품 샘플로 메이크업을 고친다.

스마트폰 등의 디바이스가 등장해, 앱의 다운로드나 등록 수속 등 「조작 시나리오」가 들어가서는 안 됨!

행동 시나리오를 쓰다 보면 개선안이나 새로운 시책안이 떠오르기도 한다 .

다음 단계로는, 작성한 행동 시나리오에 따라, 사용자가 어떠한 도구나 제품·서비스 등을 이용하거나, 화면 등을 조작하거나 하는 "행동"을 「태스크」로서 간단하게 작성합니다.

행동 시나리오에서는 특정 제품명이나 기능명을 기술하거나 앱 화면이나 웹사이트의 어디를 누른다고 하는 구체적인 조작을 써서는 안 됩니다. 인터페이스에 관한 조작을 써넣으면, 마치 실현될 것 같은 리얼리티가 있는 시나리오로 생각되어 발상의 확장이 멈추게 되고, 현재의 웹사이트나 앱이 제공하는 서비스에 시나리오 발상이 얽매이게 되기 때문입니다. 기기나 화면에 관한 조작은 「조작 시나리오」로 작성해야 하니, 잠시 참아 주시는 게 좋습니다.

어쩔 수 없이 써야만 하는 경우에는, 「ㅇㅇ 할 수 있는 구조를 이용하고……」나 「ㅇㅇ할 수 있는 기능을 사용하고……」, 「△△ 화면에서 ㅁㅁㅁ 조작을 하고……」 등과 같이 특정 제품·서비스명이나 기능명으로 한정되지 않는 형태로 표현합시다.

MEMO

「구조화 시나리오법」은 「가치 시나리오」→「행동 시나리오」→「조작 시나리오」의 순서로 작성해 나가는 것이 원칙입니다.

단, 처음에 본질적인 욕구를 충족시키는 「가치 시나리오」를 쓸 수 없을 것 같다고 생각이 들면, 먼저 「행동 시나리오」를 써 보는 것을 추천합니다. 이는 아무래도 평소에는 제품·서비스의 이용 장면 등을 구체적으로 생각하는 경우가 많기 때문입니다.

이 점에 대해서는, 『익스피리언스 비전』의 저자인 타카하시 가쓰미·하야카와 세이지 씨 모두 「구조화 시나리오법」 세미나에서 같은 조언을 하고 있습니다.

또한, 「가치 시나리오」 앞에 「행동 시나리오」를 생각하는 것은 문제가 없지만, 처음에 「조작 시나리오」부터 쓰는 것은 명백한 NG입니다. 그 이유는 6-1의 「고객 여정맵이 필요한 이유」에서 설명하고 있는데, 설계자 측의 선입견이나 기존의 제품·서비스 등에 얽매여서 "미래 모습"이 제한되기 때문입니다.

4-5 조작 시나리오

페르소나가 목표를 달성하기 위한 행동에 있어서 구체적으로 어떤 제품·서비스를 이용하고, 어떤 도구나 디바이스를 사용하고, 어떤 조작을 할지를 생각해 갑니다.

◇ 조작 시나리오는 어떻게 쓰지?

조작 시나리오의 단계에서는, 제품·서비스의 특정 기능명을 넣거나 웹사이트나 앱의 화면명이나 버튼명을 제시하거나 하면서 구체적인 조작을 검토합니다. 행동에 따른 일련의 조작을 상세화해서 시나리오로 작성하는 것으로, 후속 프로세스인 요건정의나 기능정의 등에 연결하기 쉽게 써 내려갑니다.

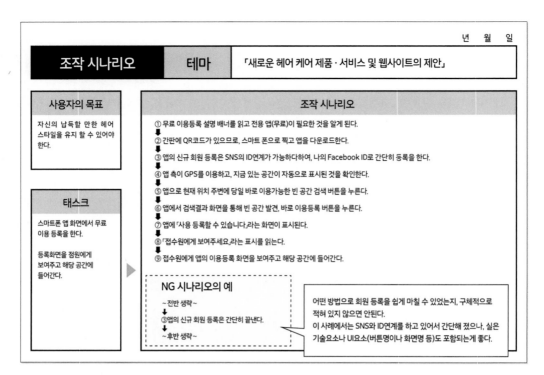

			년 월 일

조작 시나리오	테마	「새로운 헤어 케어 제품·서비스 및 웹사이트의 제안」

사용자의 목표

자신의 납득할 만한 헤어 스타일을 유지 할 수 있어야 한다.

태스크

스마트폰 앱 화면에서 무료 이용 등록을 한다.

등록화면을 점원에게 보여주고 해당 공간에 들어간다.

조작 시나리오

① 무료 이용등록 설명 배너를 읽고 전용 앱(무료)이 필요한 것을 알게 된다.

② 간판에 QR코드가 있으므로, 스마트 폰으로 찍고 앱을 다운로드한다.

③ 앱의 신규 회원 등록은 SNS의 ID연계가 가능하다하여, 나의 Facebook ID로 간단히 등록을 한다.

④ 앱 측이 GPS를 이용하고, 지금 있는 공간이 자동으로 표시된 것을 확인한다.

⑤ 앱으로 현재 위치 주변에 당일 바로 이용가능한 빈 공간 검색 버튼을 누른다.

⑥ 앱에서 검색결과 화면을 통해 빈 공간 발견, 바로 이용등록 버튼을 누른다.

⑦ 앱에 「사용 등록할 수 있습니다」라는 화면이 표시된다.

⑧ 「접수원에게 보여주세요」라는 표시를 읽는다.

⑨ 접수원에게 앱의 이용등록 화면을 보여주고 해당 공간에 들어간다.

NG 시나리오의 예

~전반 생략~

③앱의 신규 회원 등록은 간단히 끝낸다.

~후반 생략~

어떤 방법으로 회원 등록을 쉽게 마칠 수 있었는지, 구체적으로 적혀 있지 않으면 안된다.
이 사례에서는 SNS와 ID연계를 하고 있어서 간단해 졌으나, 실은 기술요소나 UI요소(버튼명이나 화면명 등)도 포함되는게 좋다.

조작 시나리오에서는 이용하는 디바이스의 기능이나 웹사이트의 디테일한 모듈이나 파트까지 상상한다 .

행동 시나리오에서는 "서비스"의 시나리오를 생각하고, 조작 시나리오에서는 "물건"의 시나리오를 생각한다고 머릿속을 정리하면 구분하기 쉽습니다.

◇ 조작 시나리오 대신 , 화면 구성을 해 보자

조작 시나리오에서는 인터페이스의 조작을 조목조목 써나가는데, 이에 대한 검토는 이미 화면 요소 자체를 생각하고 있는 것과 같기 때문에 화면 구성을 직접 그림(와이어프레임)으로 그려 보는 것으로 대체가 가능합니다.

실제 프로젝트에서는 스케줄상의 여유가 별로 없는 경우가 많기 때문에, 행동 시나리오를 대충 쓴 후, 조작 시나리오 대신 화면 구성을 작성하는 케이스도 많습니다. 다만 2장에서 소개하고 있는 「사용성 평가」를 위한 시나리오 작성의 경우에는, 조작 시나리오를 제대로 작성할 필요가 있습니다.

가치→행동→조작 3장의 시나리오 시트의 기술 순서를 정리하면 오른편과 같이 됩니다. 하나의 가치 시나리오에서 복수의 장면이 나오면 여러 장의 행동 시나리오를 쓰고, 행동 시나리오에 여러 개의 태스크가 생기면 여러 장의 조작 시나리오를 써갑니다.

디렉터 등 설계 경험이 있는 멤버는 조작 시나리오를 손으로 직접 그리는 와이어프레임으로 진행하는 것이 빠를 수도 있다 .

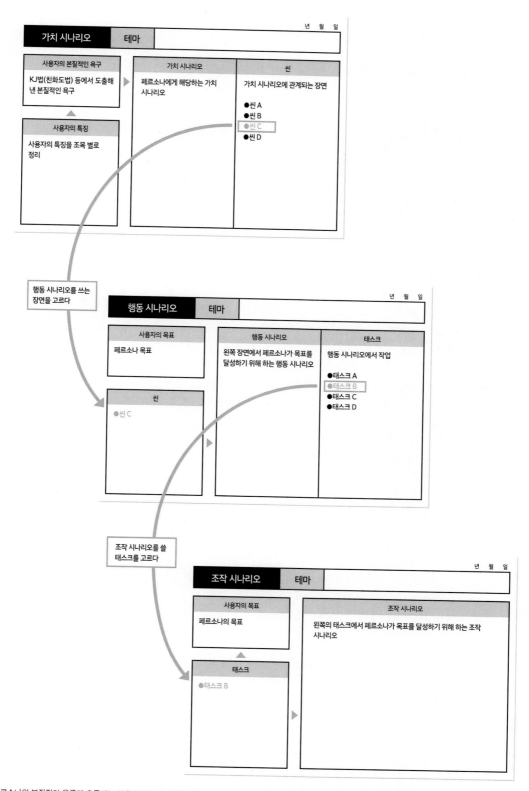

가치 시나리오 | 테마 | 년 월 일

사용자의 본질적인 욕구	가치 시나리오	씬
KJ법(친화도법) 등에서 도출해 낸 본질적인 욕구	페르소나에게 해당하는 가치 시나리오	가치 시나리오에 관계되는 장면 ●씬 A ●씬 B ●씬 C ●씬 D

사용자의 특징

사용자의 특징을 조목 별로 정리

행동 시나리오를 쓰는 장면을 고르다

행동 시나리오 | 테마 | 년 월 일

사용자의 목표	행동 시나리오	태스크
페르소나 목표	왼쪽 장면에서 페르소나가 목표를 달성하기 위해 하는 행동 시나리오	행동 시나리오에서 작업 ●태스크 A ●태스크 B ●태스크 C ●태스크 D

씬

●씬 C

조작 시나리오를 쓸 태스크를 고르다

조작 시나리오 | 테마 | 년 월 일

사용자의 목표	조작 시나리오
페르소나의 목표	왼쪽의 태스크에서 페르소나가 목표를 달성하기 위해 하는 조작 시나리오

태스크

●태스크 B

페르소나의 본질적인 욕구가 충족되는 것을 가치로 하여 행동의 "씬" 이나 , 조작의 "태스크"로 분해하여 단계적으로 시나리오를 그려나간다 .

시나리오를 생각하는 연습

구조화 시나리오법의 연습은, 실제로 하는 것처럼 어떠한 새로운 제품·서비스나 웹사이트 등을 기획 제안하는 것으로 상정하고, 실제로 사용자 조사와 분석으로부터 시작, 페르소나를 작성해 시나리오를 검토합니다.

◇ 실제 사용자의 "현재 모습(as-is)"을 염두에 두고, "미래 모습(to-be)"을 「구조화 시나리오법」으로 생각해 보자

구조화 시나리오법의 연습을 위해서는 실무에서와 마찬가지로, 어떠한 새로운 제품·서비스나 웹사이트 등의 기획·제안을 상정, 실제로 사용자 조사와 분석부터 시작하면 매우 효과적입니다.

이 장에서는, 초보자를 위한 구조화 시나리오법의 테마로 「새로운 헤어케어의 제품·서비스나 웹사이트의 제안」으로 연습을 진행합니다. 물론, 여러분의 업무상의 과제나 관심 있는 주제를 설정해도 괜찮습니다.

① 인터뷰로 데이터를 모으기

우선 사용자 조사를 실시하고 데이터를 모으는 것부터 시작합니다. 본격적인 조사가 아니라도 상관없으니, 동료 누군가를 붙잡고 「평소 어떻게 헤어 케어를 하고 있는가?」를 주제로 인터뷰를 해 봅시다(인터뷰 방식은 5-1을 참조하세요. 「페어 인터뷰」라는 방법이 있는데, 인터뷰하는 시간을 페어 중 한 사람씩 20분 교대로 하는 방식입니다).

② KJ법(친화도법)으로 "본질적인 욕구"를 찾아내기

다음으로 인터뷰에서 모은 사용자의 목소리를 포스트잇에 쓰고, KJ법(친화도법, 5-5 참조)을 통해서 그들의 "속마음"이나 "본질적인 욕구"를 찾아냅니다. 일반적으로는 여러 명의 워크숍 형식으로 실시하는 것이 바람직하지만, 연습으로는 동료 중 누군가 한 명에게 1시간 정도의 시간을 내 달라 하여 분석해 보는 것도 좋습니다(인터뷰나 워크숍을 진행할 시간이나 동료가 없다는 분들은 다음 페이지의 분석 예를 토대로 해보세요).

③ 간이 페르소나를 작성하기

인터뷰를 한 상대방의 프로필과 KJ법(친화도법)으로 분석한 결과를 토대로 간단한 페르소나를 작성합니다(페르소나를 작성할 시간이 없다는 분은 4-3의 페르소나 예를 토대로 해 보세요).

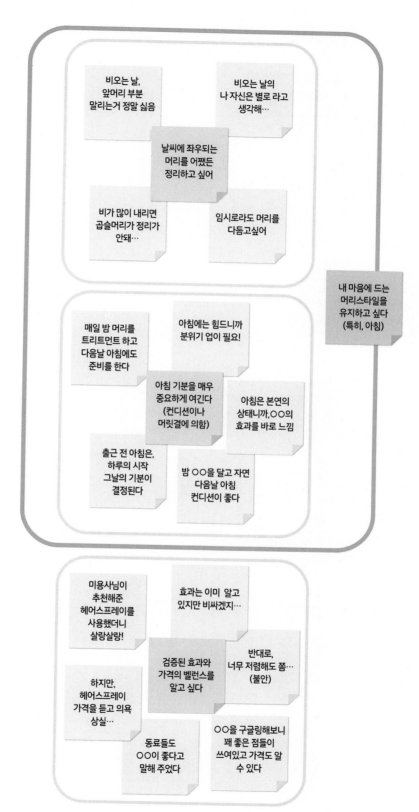

적은 시간동안 인터뷰한 결과라도 친화도는 만들 수 있으니 연습해 보자.

④ 「가치 시나리오」를 쓴다 (템플릿 있음)

1. 기본적으로 KJ법 (친화도법) 으로 이끌어낸 「본질적인 욕구」가 충족될 시나리오의 축이 되기 때문에, 「사용자의 목표」에 그것을 단적으로 기입합니다. 그리고 그 목표가 달성될 수 있도록 「가치 시나리오」를 생각해 봅시다. 여기에서는 아직 제품·서비스의 이름이나 구체적인 사용자의 행동이나 조작은 쓰지 않습니다.

2. 가치 시나리오가 완성되면 오른쪽의 란에 그 시나리오를 실제의 사용 장면 (씬) 으로 분류하고, 여러 형태로 작성합니다.

⑤ 「행동 시나리오」를 쓴다 (템플릿 있음)

가치 시나리오의 오른쪽에 쓴 이용 장면 중 하나를 선택하고, 해당하는 이하의 항목으로 「행동 시나리오」를 생각해 봅시다. 구체적인 제품이나 기능, 웹사이트나 앱의 화면 조작 등은 아직 쓰지 않습니다.

▶ 어떤 사용자인가?

▶ 어떤 상황인가?

▶ 어떤 목표를 달성하고 싶은가?

▶ 그 목표는 달성했는가?

▶ 그 목표 달성을 위한 시간과 수고는 얼마나 되는가? 편했는지, 혹은 힘들었는지?

▶ 그 목표 달성 과정에서 만족감은 있었는가? 그때의 기분은?

⑥ 「조작 시나리오」를 쓴다 (템플릿 있음)

가치 시나리오를 작성하면 사용자가 접하는 구체적인 제품이나 기능, 앱이나 웹사이트 화면의 인터페이스에 대해 상세하게 「조작 시나리오」를 써 봅시다. 아직 세상에 없는 제품·서비스나 앱, 웹사이트 등의 화면 조작이 따르는 경우에는, 「○○ 서비스를 스마트폰으로 검색해, 톱 화면의 □□ 버튼을 누른다」 등으로 가명을 붙여서 작성해 봅시다.

4-7 구조화 시나리오법의 툴킷

옆 페이지의 템플릿을 A3로 인쇄하고, 못해도 상관없으니 일단 시나리오를 쓰면서 연습해 봅시다.

◇ 구조화 시나리오법 간이 템플릿

초보자가 정식 구조화 시나리오법을 실천하는 것은 난이도가 높기 때문에 간이판 템플릿을 준비했습니다. 다운로드는 아래의 URL로 접속해 주세요.

URL http://greenberry.kr/ux-design-template

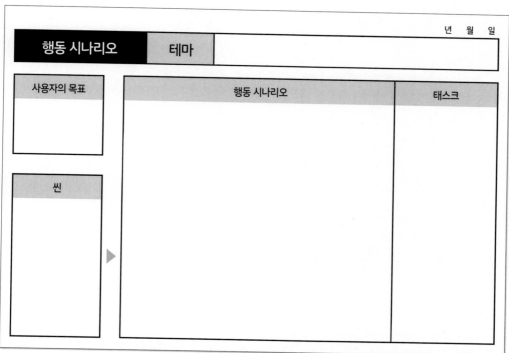

가치 시나리오　테마　　　년　월　일

사용자의 본질적인 욕구 ▲

사용자의 특징

가치 시나리오　　씬

가치 시나리오 템플릿

행동 시나리오　테마　　　년　월　일

사용자의 목표

씬

행동 시나리오　　태스크

행동 시나리오 템플릿

조작 시나리오	테마	

사용자의 목표	조작 시나리오

태스크	
▶	

조작 시나리오 템플릿

MEMO

공식적인 「구조 시나리오」에서는 다음의 8 가지의 템플릿을 사용합니다.

1. 프로젝트의 목표 템플릿
2. 사용자의 본질적인 욕망 템플릿
3. 비즈니스 제공 방침 템플릿
4. 페르소나 템플릿
5. 가치 시나리오 템플릿
6. 행동 시나리오 템플릿
7. 조작 시나리오 템플릿
8. 익스피리언스 비전 템플릿

또한, 이것들은 이 장의 서두에서 소개한 『익스피리언스 비전: 사용자를 바라보며 즐거운 체험을 기획하는 비전 제시형 설계 방법론』(2012년/마루젠 출판)을 구입하면 사용 방법을 잘 배울 수 있기에 다음 URL에서 다운로드하여 이용하시기 바랍니다.

https://bta1315.secure.jp/~bta1315005/tpl_download/tpl_download.html

시나리오 리뷰를 통한 객관성 확보

스스로 쓴 시나리오를 읽다 보면, 꽤 "좋은 시나리오" 같다는 생각이 듭니다. 동료나 친구들에게 읽어보게 하고 객관적인 의견을 들어봅시다.

◇ 시나리오를 다른 사람에게 읽게 하고 위화감을 바로잡자

자신이 쓴 시나리오의 이상한 부분을 스스로 알아채기는 어려운 법입니다. 이처럼 자신이 쓴 시나리오의 "허점"을 쉽게 찾으려면, 동료나 친구에게 시나리오를 읽어달라고 하는 것이 지름길입니다. 타인의 눈을 통해, 솔직하게 시나리오의 어색한 전개, 이상한 점을 지적받고, 개선해 나가는 것은 실로 UX 디자인적인 방식입니다.

우리도, 구조화 시나리오를 생각할 때 혼자서 실천하는 것보다는, 몇 명이서 시나리오 안을 여러 개 작성한 후, 서로 발표하고 의견을 나누어 다듬는 작업을 지향합니다. 그리고 어느 시나리오가 좋은지 멤버들끼리 투표하거나 클라이언트 측에도 리뷰를 받아 시나리오의 객관성을 최대한 유지하는 노력을 하고 있습니다.

> **MEMO**
>
> 시나리오대로 사용자는 행동하고 체험하는가? UX 디자인의 중상급자를 위한 내용입니다만, 이것을 쉽게 확인할 수 있는 방법이 있습니다. 그것은 「행동 시나리오」를 소리 내서 읽으며 연기해 보는 것입니다. 그렇다고는 해도, 사람들 앞에서 연기하는 것은 쑥스럽기 때문에, 일단은 사이좋은 동료나 친구에게 부탁하는 것으로 시작해 보세요.
>
> 아래 사진은, 시나리오를 소리 내 연기하고 있는 모습입니다. 등장인물(페르소나)이 되어 시나리오의 흐름으로 행동하고, 발화하는 부분은 목소리로 말하고, 상대방과도 소통하며, 이때 이런 기분이 든다는 내면의 감정을 이야기하기도 합니다. 또, 무엇인가 새로운 기기를 조작하는 장면에서는, 실은 존재하지 않는 것도 가상으로 사용하는 것처럼 연기하면 되기 때문에, 준비도 필요하지 않습니다.
>
> 문장상의 가설인 시나리오를, 실제로 연기한다=프로토타이핑을 한다고 하는 검증 방법도 있습니다.

즉흥적으로 시나리오를 연기하여 목소리뿐만 아니라 손짓 발짓으로 표현하고 있는 모습.

실제 업무에서의 실천 난이도

몰래 연습	일부 업무에 적용	클라이언트와 함께
★★	★★★	★★★★

「몰래 연습」을 시작하려면？

제품·서비스를 기획하거나 앱이나 웹사이트나 화면 설계를 한 적이 있다면 연습은 시작하기 쉬울 것입니다. 과도한 절차를 밟고 있는 것처럼 느껴질 수도 있지만, 조금만 수고하면 보이지 않았던 시나리오가 보일 겁니다.

「일부 업무에 적용」을 해 보려면？

구조화 시나리오법을 이용하는 범위가 화면 수 등으로 제한되어 있거나, 구현하는 기능이 이미 세세하게 정해져 있는 경우에는 효과가 나오기가 어려워집니다. 이런 프로젝트에 임할 경우에는 요건정의 및 설계 타이밍에서 실시해 봅시다.

「클라이언트와 함께」하려면？

이 방법은 대부분의 경우, 맡기고 싶은 라인을 넘고 있기 때문에, 클라이언트가 함께 회의에 참가해 구조화 시나리오법 자체를 이해해 주고 참여하는 경우는 매우 드문 게 현실입니다.

단지 화면설계의 논거에 대해 세세하게 논리적인 설명이 요구되는 경우나, 주요 화면 군은 쉽게 바꿔서 만들 수 없기 때문에 실수가 없는 화면설계를 하고 싶은 경우 등에서는 클라이언트와 함께 시나리오를 생각해 볼 수 있다고 봅니다.

구조화 시나리오법의 "사례 소개"

구조화 시나리오법은, "미래 모습 (to-be)"의 기획안을 낼 때나 설계 단계에서 상세한 요건을 짜 넣을 때도 이용할 수 있습니다. 그 2가지 유형을 실제 사례로 소개합니다.

【라이트급】구조화 시나리오법의 사례와 프로세스

〈 프로젝트 데이터 〉

기간	전가동	체제
1주일	4일(32시간)	디렉터×1명 기획자×2명 HCD전문가×1명(구조화 시나리오법의 조언만)

〈 목적 〉

미용 업계 클라이언트가 제공한 자율 제안에, 여성 특유의 미용 니즈를 반영한 온·오프라인 모두 적용 가능한 서비스 기획 아이디어를 포함시킨다.

〈 프로세스 〉

〈 포인트 〉

예산이 없는 자율 제안이기 때문에, 사원끼리의 페어 인터뷰를 통해서 정성 데이터를 수집하고, 소수 워크숍을 진행하여 친화도를 작성하고, 간이 페르소나와 함께 직접 작성한 「가치 시나리오」와 「행동의 시나리오」를 복수 안으로 검토하여 기획 아이디어에 연결했다. 덧붙여서, 기획단계 때문에 「조작 시나리오」는 생략했다.

가치 시나리오 | 테마 | 「미용제품의 제품·서비스나 웹사이트 제안」

사용자의 본질적인 욕구	가치 시나리오	씬
감각이 좋은 동료들에게 둘러싸여 있는 가운데, 뒤처지지 않기 위해, 새로운 정보나 상품을 항상 먼저 알고 있는 멋진 사람으로 여겨지고 싶다.	사이좋은 동료들과 이야기 중에, 자신이 제공한 화제·상품으로 분위기가 좋아지면, 기쁨을 느낀다.	숙소에 묵을 때 사용할 스킨케어 상품을 고른다. 여성들만의 여행 중 자신이 가져온 상품에 모두 관심이 쏠린다.

사용자의 특징

혼자 사는 독신 여성
(회사원 35세)
· 편집 및 취재업무로 여러 사람과 동료들을 만난다.
· 미용에 관한 정보의 감도는 높다.
· 매일 피부케어는 빠뜨리지 않는다.
· 업무상 인터넷은 매일 이용하고 SNS도 상당히 사용하고 있다.
· 사람을 만나는 일 때문에 뉴스나 상품의 평판 등을 인터넷 기사로 자주 접하고 있다.

가치 시나리오

행동 시나리오 | 테마 | 「미용제품의 제품·서비스나 웹사이트 제안」

사용자의 목표	행동 시나리오	태스크
사이좋은 동료들과 이야기 중에, 자신이 제공한 화제·상품으로 분위기가 좋아지면, 기쁨을 느낀다.	오랜만에 사이좋은 동료와 여성들만의 여행을 하게 되었다. 집에서 항상 사용하는 제품이라면 무겁기 때문에 작은 사이즈를 원한다.	(이번에는 조작 시나리오 까지는 작성하지 않는다)

씬

숙소에 묵을 때 사용할 스킨케어 상품을 고른다.

여성들만의 여행 중 자신이 가져온 상품에 모두 관심이 쏠린다.

우선 화장품 계열 입소문을 들어보니 여행용 화장품은 작은 사이즈를 많이 찾는데 ○○는 손바닥 크기만 한 튜브로 상품의 평판이 좋다. 크기가 귀엽고, 사용하면 효과도 높다고 하니, 매우 궁금하다. 아직 잘 알려지지 않은 상품이어서 그런지 근처 드러그스토어에서는 팔지 않고 있다. 그래서, 공식 사이트에서 구입했다.

그리고 여행에서 온천욕을 한 후, 화장수를 바르면서 "이것만 사용하면 건조할 것 같다."라는 친구 A에게 "이런 거 있지."라고 ○○을 보이면, "귀엽다!"라는 반응과 함께 모두가 몰려든다. 피부에 붙여 보면 촉촉하고 꽤 좋다는 평판에 모두에게 말해 주길 잘했다고 생각한다.

행동 시나리오

4 장 ▼ 페르소나와 화면을 시나리오로 연결

【헤비급】구조화 시나리오법의 사례와 프로세스

〈 프로젝트 데이터 〉

기간	전가동	체제
4주	20일(160시간)	디렉터×1명 디자이너×1명 HCD 전문가×1명

〈 목적 〉

클라이언트 기업의 사내(인트라) 업무 툴의 개선에 있어, 현황 툴에 관련된 업무 프로세스를 모델링하고, 새로운 업무 툴의 설계에 구조화 시나리오법을 도입, 이용자에게 사용 편리성을 제공하고 업무의 효율성을 향상시킨다.

〈 프로세스 〉

〈 포인트 〉

사용자 인터뷰와 함께 현장의 행동을 관찰하게 해 리얼리티가 있는 페르소나를 작성함으로써, 업무의 실태에 맞는 시나리오를 작성할 수 있었다. 또한, 「조작 시나리오」 대신에 러프한 프로토타입을 작성하고 리뷰를 실시함으로써 시간 단축을 도모했다(덧붙여서, 이 책에 게재한 구조화 시나리오법의 템플릿과는 기재 항목이 약간 다르다).

가치 시나리오

타깃 사용자		가치 시나리오	씬
자사 업무를 잘 알고 영업업무를 지원하는 사무원		○○ 업무의 수고를 줄일 수 있어 효율적으로 업무를 처리할 수 있게 된다.	(씬 3) 필요한 참조 데이터를 바로 찾을 수 있기 때문에 검색하는 시간 등을 줄일 수 있다.

사용자의 특징	사용자의 본질적인 욕구		(씬 4) 사무 경험이 적은 직원도 ○○ 업무를 배우는 속도가 빨라진다.
·28세, 여성 ·입사 4년 차 ·컴퓨터를 능숙히 다룸 ·사원들의 평가는 높음 ·타고난 참견인 ·조금 덜렁대는 편 ·현 사내 시스템에 불만은 없음	의뢰 받은 일을 정확하게 처리함으로써 만족을 주고 싶다. 만족하는 모습에 자신도 기쁘다.		

행동 시나리오

사용자의 목표	페르소나			
의뢰받은 일을 정확하게 처리함으로써 만족을 주고 싶다. 만족하는 모습에 자신도 기쁘다.	자사의 업무를 잘 알고, 영업 업무를 지원하는 사무원	·28세 여성 ·입사 4년 차 ·컴퓨터를 능숙히 다룸	·사원들의 평가는 높음 ·타고난 참견인 ·조금 덜렁대는 편	·현 사내 시스템에 불만은 없음

씬	행동 시나리오	태스크
(씬 3) 필요한 참조 데이터를 바로 찾을 수 있기 때문에 검색하는 시간 등을 줄일 수 있다.	○○ 업무와 관련된 파일이나 데이터는 눈에 보이는 곳에 있으므로 그것들을 확인하면서 사무처리를 재빨리 끝낼 수 있다. 그 때문에, 영업사원으로부터 급한 전화가 걸려왔을 때도, 바로 대응해서 적확한 회답을 할 수 있어 영업 부문으로의 연락도 빨리 편하게 할 수 있게 된다.	1. 영업 사원부터 급한 전화를 받는다. 2. 관련된 파일이나 데이터를 △△화면에서 바로 참조했다. 3. 다시, 세일즈맨에게 응답 전화를 한다. 4. 담당의 영업 부문에도 △△화면 □□ 통지 기능으로 본건의 공유를 한다. 5. ○○ 업무의 사무 처리를 마무리한다.

5장

자기 자신의 생각도
말로는 적절히 표현하기 어려우니,
듣는 그대로 믿어서는 안 된다

사용자 조사를 실시

4장에서 시나리오에 대해 배우면서, 사용자의 "가치"와 "행동"을 파악하는 것이 얼마나 중요한지 이해하셨으리라 생각합니다. 이러한 「사용자의 속마음」에 해당하는 부분은 우리의 상상이나 추측의 범위를 크게 넘는 경우가 많고, 이를 데이터로 모아서 활용하려면 사용자에게 직접 물어보는 것이 가장 빠른 길입니다. 이 장에서는, 그러한 데이터를 어떻게 능숙하게 수집하는지, 그리고 어떻게 활용할 수 있는 형태로 가공하는지를 배워 봅시다.

사용자 조사란?

사용자가 정말 어떤 생각을 하고 있는지, 사용자의 "본질적인 욕구"는 어디에 있는지, 그것을 특별한 방법을 이용해서 「사용자에게 직접 묻는다」는 것이 사용자 조사의 사고방식입니다.

사용자 조사는, 우리 일상생활에 당연한 일로 잠재해 있는 「본인도 깨닫지 못한 문제」, 「비밀스럽게 느꼈던 가치」 등, 좀처럼 표면화되지 않는 사용자 마음속의 목소리를 명확히 하고 싶은 경우에 적합합니다.

사용자 조사에 대해 배우기 전에 먼저 알아두셨으면 하는 것은 「그냥 듣기만 해서는 그들의 속마음은 거의 노출되지 않는다」는 것입니다.

표면적인 발언 = 반짝반짝 데이터

이와 같이, 사람은 모르는 사이에 「중요한 것」과 「필요한 것」을 구별하고 있습니다. 이렇게 표면적인 데이터를 필자는 「반짝반짝 데이터」라고 하는데, 이것들은 새로운 발견이 거의 없기에 별로 도움이 되지 않는 데이터들입니다.

반면, UX 디자인에 있어서 사용자 조사는 「본인조차 중요한 줄 몰랐던 속마음」의 부분을 매우 소중히 여깁니다. 이 부분은 (반짝반짝 데이터에 대해 이쪽은 다크사이드라고 하기도 하지만) 좀처럼 겉으로 드러나지도 않고, 애초에 숨은 속마음이 있다는 사실조차 깨닫지 못하는 경우가 많습니다.

그래서, 이러한 속마음의 부분을 찾아내는 방법으로써 사용자 조사 방법을 소개하겠습니다. 사용자 조사는 크게 다음의 2단계 작업이 있습니다.

- 전반전: 인터뷰 등으로 데이터를 수집하는 단계(데이터 수집)
- 후반전: 분석을 실시하여 사용자의 속마음을 알아내는 단계(데이터 분석)

본장에서는 전반전으로 데이터를 수집하기 위한 「감정곡선 인터뷰」, 「문하생 인터뷰」의 2개의 인터뷰 방법, 후반전으로 데이터를 분석하기 위한 「KJ법(친화도법)」을 각각 소개합니다.

사용자 조사의 아웃풋 예

「감정곡선 인터뷰」는, 아래 그림과 같이 사용자의 감정(텐션)의 오르내림에 따른 표현을 기록한 것이 성과물이 됩니다.

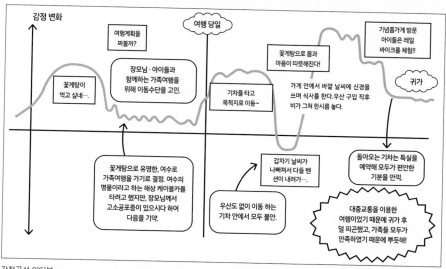

감정곡선 인터뷰

「문하생 인터뷰」에서는 인터뷰어가 직접 기록한 문장이나 녹음·녹화한 데이터가 성과물이 됩니다.

또, 「KJ법(친화도법)」에서는, 포스트잇이나 모조지를 사용한 분석 워크숍 결과 그 자체가 성과물이 됩니다.

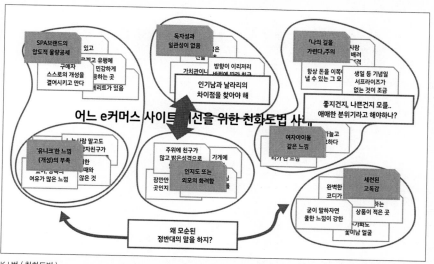

KJ법(친화도법)

실무에서 실시하는 사용자 조사

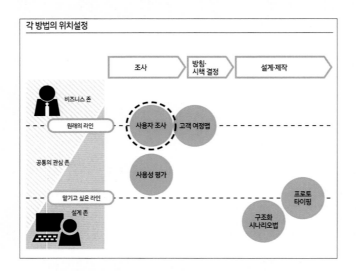

각 방법의 위치설정

조사 → 방침·시책 결정 → 설계·제작

비즈니스 존
원래의 라인
사용자 조사 / 고객 여정맵
공통의 관심 존
사용성 평가
맡기고 싶은 라인 / 설계 존
프로토 타이핑
구조화 시나리오법

사용자 조사는, 조사 단계로「원래의 라인」을 넘는 장소에 위치하고 있습니다. 사용자의 본심에 계속 접근해 갈 수 있기 때문에, 제품·서비스의 본연의 자세 그 자체를 기초부터 생각할 수 있습니다만, 조사가 순조롭다 보면「애초에 제품·서비스는 필요한 것일까?」라는 문제가 발생하는 일도 있습니다.

「제품·서비스에서 해결할 수 있는 사용자의 문제에만 주목하면 된다」라는 프로젝트라면 이러한 원래론은 불필요합니다. 만약 프로젝트의 목적을 넘을 수 있는 문제가 발견되었다고 해도, 그것은 신중하게 구분하여「참고」라는 형식으로 해 둡시다.

〈 실제 업무에서의 실천 난이도 〉 ··

몰래 연습	일부 업무에 적용	클라이언트와 함께
★★	★★	★★★ (★★★★)

사실, 사용자 조사는 혼자서 연습하는 것이 매우 간단합니다.「인터뷰를 하겠습니다」라고 공격적인 자세를 취하지 말고, 아는 사람이나 동료에게「얘기를 좀 들려주세요」라고 부탁하거나, 예를 들어 카페에서 커피를 마시면서 이야기를 나누는 가벼운 상황으로 다가가더라도 충분한 질과 양의 데이터를 얻을 수 있습니다.

아는 사람이 상대라면 비록 실패하더라도 문제없고, 어쩌면「조금만 해 봐도, 이렇게 새로운 정보를 얻을 수 있었다」라는 놀라움이 있을 수도 있습니다. 이러한 가벼운 활동을 조금씩 일에 살려 나감으로써, 어느덧 사용자 조사의 중요성이 이해되어 가는 경우가 많이 있습니다.

우선은 서로 커피 한잔 나누기부터 부담 없이 시작해 봅시다.

5-1 데이터를 수집하기

대부분의 사용자는 자기 자신의 욕구를 모두 올바르게 이해하고 있지 않습니다. 하물며 그것을 말로 표현하여 우리와 같은 제작 측 사람들에게 올바르게 전달하는 기술을 가지고 있는 것도 아닙니다. 그러나, 그러한 사용자가 바라는 것은 무엇인지, 무엇을 어떻게 하면 기뻐할지, 성패를 쥐고, 심판을 하는 것 역시 사용자인 것입니다.

◇ 질문하는 것이 아니라 「배운다」

인터뷰라고 하면, 세세한 질문 리스트를 미리 작성해서 순서대로 대답을 받는 듯한 이미지를 가질지도 모릅니다. 조사의 목적에 따라서는 그러한 방법을 채용하는 경우도 물론 있습니다만, 여기에서는 그러한 일문일답식 인터뷰는 실시하지 않습니다.

UX 디자인에 있어서는 사전 생각이나 가설에서 일단 벗어나 「지금까지 보이지 않았던 중요한 것」을 발견하는 것을 사용자 조사의 목적으로 합니다. 사전에 준비할 수 있는 질문에 답해 주는 것만으로는 사전에 알고 있던 것을 확인하는 것밖에 되지 않기 때문에 여기서는 「사전에 예상할 수 없는 것을 알게 되는」 방법이 필요하게 됩니다.

그래서, 여기서는 「질문하다」가 아니라 「배운다」라는 식으로, 생각을 바꿔 보기로 하겠습니다.

◇ 「감정곡선 인터뷰」로 추억담을 들어보자

물론, 그냥 「알려주세요」라고 해도 상대방은 곤란할 겁니다. 상대는 가르치는 전문가도 아니고, 보통의 대화와 마찬가지로, 이야기의 실마리나 흐름을 만들지 않으면 아무것도 끄집어낼 수 없습니다.

사실, 어떤 사람이든 말하기 편한 주제 중에는 「추억 이야기」가 있습니다. 여러분들도 어렴풋이 생각이 나시겠지만, 과거를 되돌아보면서 띄엄띄엄 이야기하는 것은, 말하는 쪽에 있어서도 매우 즐거운 일입니다.

이 즐거움을 이용한 사용자 조사방법이, 첫 번째로 소개하는 「감정곡선 인터뷰」라는 방법입니다. 감정곡선 인터뷰는, 조사 대상이 되는 사용자 본인이 직접 감정곡선이라고 불리는 그래프를 그리면서, 조사 테마에 맞는 추억 이야기를 합니다.

실제로 이 인터뷰를 실시했을 때, 사용자가 그린 그래프가 다음 페이지에 있습니다 (실데이터이기 때문에, 개인정보 보호 등을 위해, 군데군데 모자이크 처리를 하였습니다).

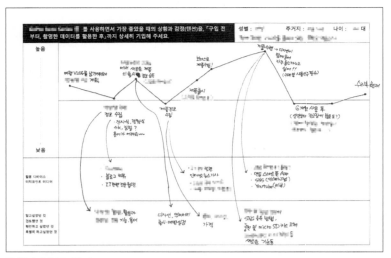

감정곡선 인터뷰의 기록 예

이 그래프를 보면 아시겠지만, 어떤 제품·서비스를 이용했을 때를 생각하면서, 위와 같은 선을 사용자 자신이 직접 그리고 있습니다. 시간의 진행에 따라 왼쪽에서 오른쪽으로 가면서, 감정의 오르내림이 표현됩니다.

감정곡선 인터뷰에는 아래의 3가지 요령이 있으므로, 꼭 기억해 두세요. 여러분들의 적극적인 실천을 위해 감정곡선 인터뷰를 위한 기록용 템플릿을 준비했습니다. 다운로드는 아래의 URL로 접속해 주세요.

변화점에서 무슨 일이 있었는지 파악한다

감정의 오르내림이 일어난 포인트에서는 분명히 무슨 일이 일어나고 있습니다. 그래프가 하향인 곳에는 뭔가 문제가 숨어있을 수도 있고, 반대로 상향되어 있는 곳에서는 생각지도 못한 가치를 느끼고 있을지도 모릅니다. 이것들은 모두 「지금까지 보이지 않았던 중요한 것」의 힌트로 이어질 수 있습니다.

앞뒤 상황도 물어본다

사용자는 갑자기 웹사이트를 방문하는 것도 아니고, 스마트폰으로 앱만 계속 사용하는 것도 아닙니다. 방문 이유나 후기 등 방문 전후 시간에 일어나는 일을 파악하는 것도 매우 중요합니다.

있는 그대로의 행동을 캐내다

사용자가 「생각한 것」과 「취한 행동」은 다른 데이터로 취급해야 합니다. 「생각한 것」에는 사용자 자신에 의해 각색이 있을지도 모르지만, 「취한 행동」에는 거짓이 없습니다. 되도록 「있는 그대로」의 데이터를 모으는 것이 중요합니다.

URL http://greenberry.kr/ux-design-template

사용자에게 「입문」하여 인터뷰를 진행하기

사용자(인터뷰이) 입장에서 본다면, 모든 것을 쉽게 생각해내긴 어려울 겁니다. 인터뷰어가 조금만 연구한다면, 사용자 자신도 인지하지 못한 깊은 부분의 이야기까지 들을 수 있습니다. 바로, 「문하생 인터뷰」라고 불리는 방법을 활용한다면 말입니다. 당신도 꼭, 「사용자의 문하생이 된 것처럼」해 봅시다.

◇ 더 깊이 파고드는 「문하생 인터뷰」

조금 전에 배운 감정곡선 인터뷰를 통해 사용자에게 배울 수 있는 계기를 발견할 수 있었습니다. 추억 이야기를 베이스로, 사용자가 제품·서비스를 이용할 때 일어나는 일이 서서히 머릿속에 그려지고 있을 것입니다.

혹은, 실제로 제품·서비스를 사용하는 것을 보다가 「어째서? 왜 그런 조작(행동)을 한 것일까?」처럼, 다른 "이야기의 계기"를 찾을 수 있을지도 모릅니다.

이 "발견하게 된 계기"를 이용해 인터뷰를 좀 더 심화시킬 수가 있습니다. 그것이 다음으로 소개할 「문하생 인터뷰」입니다.

UX 디자인의 오리지널이라고 일컬어지는 『CONTEXTUAL DESIGN』(Hugh Beyer, Karen Holtzblatt 지음)이라는 서적이 있습니다. 유감스럽게도 국내 번역서는 없습니다만, 그 서적 안에서 설명하고 있는 인터뷰 조사방법 "Master/Apprentice Model"이라는 것을 타루모토 테츠야씨는 자신의 저서 『유저빌리티 엔지니어링: 사용자 경험을 위한 조사, 설계, 평가기법』중에서 "문하생 인터뷰"로 번역하여 소개하고 있습니다. 본서에서 소개할 것은 이것들과 같은 사고방식에 기초한 방법이므로, 보다 이해하기 쉽게 타루모토 씨가 번역한 "문하생 인터뷰"로 설명해 가겠습니다.

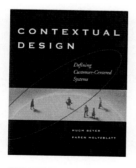

CONTEXTUAL DESIGN
저자: Hugh Beyer, Karen Holtzblatt
출판사: Morgan Kaufmann(1997년)
ISBN: 978-1558604117

유저빌리티 엔지니어링 [제2판]
사용자 경험를 위한 조사, 설계, 평가기법
저자: 타루모토 테츠야
출판사: 오움사(2014년)
ISBN: 978-4274214837

문하생 인터뷰는 말 그대로 「사용자를 스승으로 보고 인터뷰어가 제자가 되어 가르침을 청한다」와 같은 느낌의 인터뷰 방법입니다.

사용자에게, 실제로 제품·서비스를 이용하게 하면서, 혹은 전에 소개한 감정곡선 인터뷰 종이를 보면서 실시합니다. 왼쪽 사진과 같은 이미지입니다.

그리고 「어떻게 그러한 행동(조작)을 했습니까?」, 「그때 어떤 일이 일어났습니까?」 등, 행동이나 말을 하나하나 수집해 가며 새로운 실마리를 찾고, 점점 질문을 확장해 갑니다.

사전에 준비한 질문을 하는 것이 아니라, 그 자리에서 새로운 질문을 즉흥적으로 만드는 「사용자가 가르쳐 준다」는 방식입니다. 바로 문하생 인터뷰의 이름대로 「제자가 스승에게 가르침을 청한다」, 혹은 「스승의 기술을, 제자가 보면서 훔친다」는 느낌입니다.

문하생 인터뷰에는 이하의 4가지 요령이 있습니다.

◇ 1. 「네/아니오」로 대답할 만한 질문은 피하기

불쑥 나와버리는 「○○합니까?」, 「○○라고 생각합니까?」라는 질문인데, 이러면 「네」, 「아니오」로 대답하고, 거기서 대화가 끝나버립니다. 그 앞의 「왜?」를 수집하는 것이 목적이므로, 조금 질문 방식을 바꿔서 「○○에 대해 "어떻게" 생각하십니까?」, 「○○에 대해 "알려주세요."」처럼, 쉽게 대답할 수 없는 형식으로 질문해 봅시다. 어쩌면 상대방은 「음……」이라고 생각에 잠길지도 모르지만, 그것은 이미 본인도 깨닫지 못한 부분에 개입해 있기 때문일지도 모릅니다. 굳이 도움을 주지 말고, 참을성 있게 「가르침」을 받읍시다.

◇ 2. 관계없을 것 같은 일이라도 일단 물어보기

그 자리에서 질문을 만들어내는 인터뷰이기 때문에 점점 이야기가 부풀어 올라갑니다. 그러면, 자신들이 조사하고 싶은 본 주제로부터 벗어나, 예를 들어 제품이나 서비스에 대해 조사하고 있는데 전혀 관계없는 내용의 이야기가 되어 버리는 일이 있습니다. 하지만, 그 자리에서 상관없다고 생각해도 나중의 분석으로 「사실 관계가 있었다」는 것을 알 수도 있습니다. 사용자 자신에게는 관계가 있는 것이기 때문에 말해 주고 있다고 생각하고 일단 귀를 기울여 봅시다.

◇ 3. 탈선하지 않도록 조절하기

그렇다고는 하지만, 너무 상관없는 것이 분명한 경우도 있습니다. 「단순한 잡담인 것이 아닌가. 이상하다」라고 생각이 들면 과감히 「그거…, 이 조사와 관계가 있나요?」라고 웃는 얼굴로 물어보세요. 이야기가 본 주제로 돌아가면 좋고, 상대방이 「아니, 사실은 관계가 있거든요!」라고 말하며 설명해 준다면 그것도 좋고요. 그냥 내버려 두는 것이 아니라 어디까지나 고삐는 인터뷰어가 끌 필요가 있습니다.

아무리 인터뷰를 잘해도 모든 것을 다 듣는 것은 불가능합니다. 시간의 제약도 있어서 막바지가 되면 역시 꼬치꼬치 캐묻고 싶게 됩니다. 하지만, 마지막까지 꾹 참고 있다가 「마지막으로, 꼭 말하고 싶은 것은 없으세요?」라는 질문을 해 봅시다.

5-3 데이터 수집 연습하기

인터뷰에 의한 사용자 조사는, 지금이라도 연습을 시작할 수 있습니다. 점심시간이나 휴일을 이용하여 우선은 지인이나 친구와 함께 연습해 보면 간단하면서도 매우 강력한 조사 방법임을 알 수 있을 것입니다.

【공통】 리크루팅 - 말해줄 만한 사람을 찾아보기

아는 사람에게 조사의 협조를 부탁합니다. 업무의 조사 주제에 맞는 인터뷰를 하는 것이 바람직하지만, 정말 연습하는 것이라면 일과는 전혀 무관한 주제로 이야기를 들어도 좋을 것 같습니다. 여행 사이트에 관한 것, 연애에 관한 것, 처음에는 무엇이든 좋다고 생각합니다.

단, 연습이라고는 하지만 「조사」이기 때문에, 데이터의 이용 목적 등에 대해서는 사전에 설명하고 승낙을 얻어 둡시다.

【공통】 시작 - 우선은 짧게 「온」과 「오프」를 바꿔가면서

처음에는 30분 정도의 짧은 인터뷰를 해 봅시다. 처음에는 (익숙하지 않을 때는 특히) 꼭 지인이나 동료 등 가까운 관계부터 시작해 봅니다.

「감정곡선 인터뷰」와 「문하생 인터뷰」에 공통적으로 말할 수 있는 것이지만, 인터뷰를 실시하는 시간 (=온)과 그렇지 않은 시간 (=오프)의 전환을 의식하도록 주의를 기울입시다. 한 번에 진행하는 것이 아니라 「살짝 진행해 보죠」 그리고 「잠깐 쉬죠」를 반복하고, 서서히 분위기를 만들어 가도록 하면 진행하기 쉬울 겁니다.

【감정곡선 인터뷰】 그리면서 「이야기 듣기」

감정곡선 인터뷰는 「추억 이야기」와 같이 말하는 방법인데, 말하기 편하게 종이와 펜을 사용하여 감정의 기복을 그리면서 진행해 나갑니다.

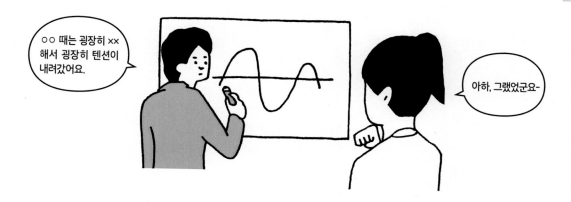

이렇게 함으로써, 이야기가 여기저기로 새어 나가지 않고, 조사 주제에 부합하는 이야기를 들을 수 있습니다. 상대방은 분명 무언가를 생각하고 있을 것입니다. 그러면 「그때 무슨 일이 있었어요?」, 「어떻게 (텐션이) 올라갔어요(내려갔어요)?」라고 과감하게 물어봅시다. 그때 들은 이야기는, 종이에 직접 써도 되고 메모나 포스트잇 등에 쓰는 것도 괜찮습니다.

【문하생 인터뷰】"알려줘 리스트" 준비해 두기

감정곡선 인터뷰를 이미 진행했다면 「제일 텐션이 높았던 곳과 낮았던 곳에서 무슨 일이 일어났는지를 자세히 알려달라」라는 방식의 문하생 인터뷰를 추천합니다. 그림 속에서 「알려줘 포인트」를 찾아보고, 그에 해당하는 질문을 해 봅시다.

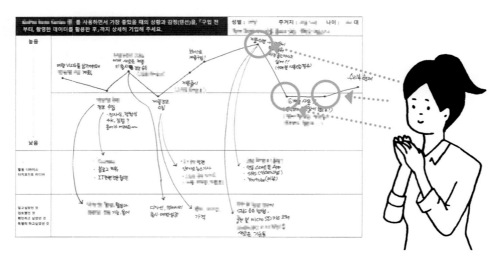

감정곡선이 특히 높거나 낮거나 하는 곳,
크게 휘어진 곳에 대해 주의를 기울여보자.

제품이나 서비스를 사용하면서 문하생 인터뷰를 하는 것이라면, 아래와 같은 기본적인 "알려줘 리스트"를 시작으로 차근차근 이야기를 풀어나가는 방식을 실천해 봅시다.

▶ 그 서비스(제품)를 사용해 보려고 한 계기를 묻는다
▶ 얼마의 기간/빈도로 사용했는지 알아본다
▶ 눈앞에서 실제로 사용하면서 느낀 것을 그대로 이야기하게 한다
▶ 행한 일, 이야기한 것에 대해 「헉, 왜요?」 등의 파고드는 질문을 한다

실제로 당신이 이상하게 생각한 것뿐만 아니라, 이유를 짐작할 수 있는 곳에서도 「헉! 왜?」라고 물어봅시다. 상상하고 있던 것과 다른 대답이 돌아오는 등 생각지도 못한 발견을 얻을 수 있을 때가 많으니 꼭 시도해 보세요.

【공통】어쨌든 모든 것을 기록하기

아무렇지 않은 말이나 행동도 나중에 분석할 때는 도움이 될 수 있으므로, 세세하게 기록해 두는 것을 추천합니다.

사실 초보자들이 가장 범하기 쉬운 실수는 「중요한 것만 기록하자」며 선별이나 요약을 한 기록만 남기는 습성입니다. 무엇이 중요한지, 혹은 중요하지 않은지는 데이터 수집 단계가 아닌 이후의 데이터 분석 단계에서 판단하는 것이니 「어쨌든 모든 것을 기록하고 가져간다」 정도의 마음가짐으로 메모합시다.

정말 불필요한 정보라면, 나중에 버리면 그만입니다.

【공통】한 번 하고 나서 바로 돌아보기

인터뷰가 잘되었는지는 그 자리에서는 좀처럼 판단할 수 없습니다. 우선 한 사람의 인터뷰가 끝나면 기록한 것들을 바로 되돌아봅시다.

아래 예는 실제 인터뷰를 기록한 것인데, 계층구조가 너무 평탄해서 별로 깊이 파고들지 못하고 있음을 잘 알 수 있습니다.

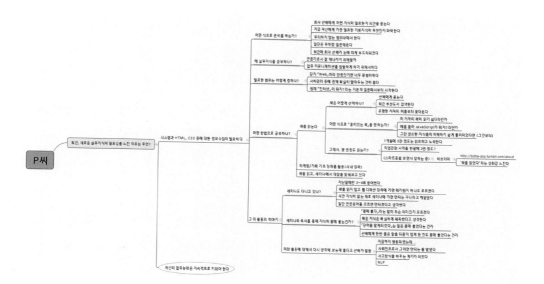

다음 예는 계층구조도 깊어지고 확대된 이야기를 들을 수 있었던 성공패턴입니다. 이와 같이, 직후에 기록을 재검토함으로써 다음 인터뷰에서의 개선의 힌트를 찾을 수 있습니다. 한 번에 잘하려고 하지 말고, 돌아보고 개선을 반복해 나갑시다.

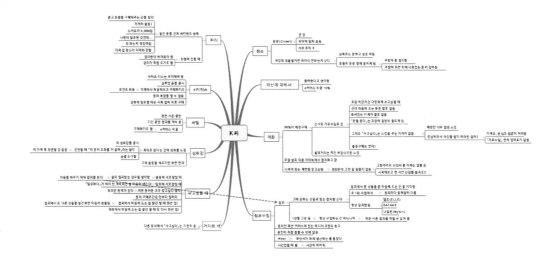

5-4 데이터를 분석하기

사용자 조사를 통해 얻을 수 있는 것은 분석되거나 가공되지 않은 사용자의 정성적 데이터이기 때문에 분석과 가공이 필요합니다. 만약 질적 데이터에 「○○ 같은 기능을 실현했으면 좋겠다」 등의 구체적인 요구와 사양에 대한 글이 포함되어 있었다고 해도, 그것을 그대로 받아들이지 않는 것이 좋습니다.

◇ 사용자가 하라는 대로 해도 되나?

예를 들어, e커머스 설계를 실시함에 있어서 사용자들의 이용상황을 조사하고 있다고 합시다. 그중에서 한 사용자로부터 「장바구니에 저장한 상품의 가격이 떨어지면 알려달라」라는 구체적인 언급이 있었다면 어떻게 다뤄야 할까요? 아마도 이런 상황에서는 「그게 편리한 기능이니 바로 추가하자」라고 바로 생각하지 않는 것이 포인트입니다.

사용자가 그러한 요구를 하는 배경에는 반드시 어떠한 불만이 존재하고 있습니다. 그리고 그 불만의 해결 방안이 수면위로 올라온 것입니다. 그러나, 그 해결책을 그대로 믿어도 되는지, UX에 관련된 일을 하는 사람이라면 일단은 멈춰서 생각을 해 봅니다.

이 누리꾼은 상품을 10원이라도 싸게 구입하려고 하는지도 모르지만, 어쩌면 이미 구입한 상품의 가격에 미련이 남아있기 때문일지도 모릅니다(충동구매를 후회하고 있는지도 모릅니다). 혹은 가격정보 사이트를 운영하기 위해 단순히 조사하는 것일지도 모릅니다. 이러한 배경을 사용자의 행동문맥이라고도 합니다.

사용자의 요구에 그대로 응해주었을 때 바로 비즈니스의 성과로 연결되는지 묻는다면, 그 배경(=행동문맥)에 따라서 달라진다고 말할 수 있습니다. 무엇보다도, 매출에 공헌하지 않는 요구를 아무리 서비스에 담아서 사용자를 만족시켰다고 해도, 비즈니스로서는 의미가 없습니다.

◇ 사용자도 눈치채지 못한 「진짜 해결책」을 찾자

전반에 소개한 인터뷰 방법으로 수집한 정성 데이터에는, 사용자 자신도 눈치채지 못한 「해결책의 힌트」가 포함되어 있습니다. 그 힌트를 단서로, 사용자 자신이 생각지도 못했던 해결책을 제공하고 기쁘게 하는 것이 우리 UX에 관련된 사람의 일이라고 말할 수 있습니다.

만약 분석 결과에 나타난 사용자의 본질적인 욕구가 「상품을 산 후, 같은 물건을 더 싸게 살 수 있다는 것을 깨닫는 것이 매우 싫기 때문에 최저 가격을 기다리고 싶다」라는 것이라면, 사용자가 말하는 「장바구니에 저장하고 있는 상품의 가격이 떨어지면 통지하겠다」는 기능 그대로가 아니라 「일정 기간 최저가격과의 차액이 생기면 포인트로 환원한다」는 서비스 기능이 오히려 사용자의 본질적 욕구 충족은 물론이고 매출 향상에까지 기여하게 될지도 모릅니다. 혹은 「한 번 산 상품의 가격이 다시는 표시되지 않도록 한다」는 방법도 생각할 수 있을지도 모릅니다.

이와 같이 UX 디자인에 있어서는 「사용자는 정말 원하는 것을 스스로 의식화하지 못하기 때문에, 언어화 작업도 어렵다」라는 전제를 세우고, 「불만의 구조를 풀어낸다＝본심을 찾아본다」라는 방식으로 진정한 해결책을 도출해 보도록 합시다.

이 속마음을 알아내는 작업을 우리는 「분석」이라고 부르도록 하겠습니다.

이제 드디어, 사용자의 속마음을 알아보는 구체적인 방법, 즉 정성 데이터의 사전준비와 가공 방법에 관해 이야기해 볼 차례입니다.

5-5 KJ법(친화도법)에 대해서

사용자의 말을 그대로 받아들일 수 없다면, 도대체 어떻게 인터뷰에서 모은 데이터를 사용해 속마음을 알아보는 걸까요? 여기에서는, 말의 뒤에 잠재된 「암묵적 지식」의 부분을 찾아서 발견해 나가기 위한 분석 수법인 「KJ법(친화도법)」에 대한 개요를 설명하겠습니다.

◇ 단골 분석기법 「KJ법(친화도법)」이란?

「UX 디자인」 하면 이렇게 벽 한 면에 붙여진 포스트잇을 떠올리는 사람도 많지 않을까요?

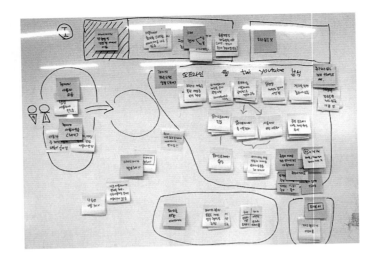

　이러한 풍경은, 인터뷰 데이터를 분석할 때 빈번히 이용되는 방법이며, 또 기본적인 스킬로써 모든 UX 분야에 종사하는 사람이라면 알고 있으면 좋은 방법인, KJ법(친화도법)으로 분석 작업을 하고 있는 장면입니다.

　보시다시피 매우 아날로그적인 작업이고, 만약 당신이나 당신의 동료들이 디지털 업계 쪽에 종사한다면「왜 일부러 포스트잇 등을 사용하고, 게다가 손으로 써야 하지?」라는 의문에 빠질지도 모르겠습니다. 그러나 이 KJ법(친화도법)이라는 아날로그적인 방법을 이용하는 것이 가장 효율이 좋고 또한 효과도 나기 쉽습니다.

　본 장에서는, 그 이유를 밝히고, 구체적이고 곧바로 실시 가능한 방법을 나타내, 지금까지 보이지 않았던 사용자의 속마음을 찾고, 그 속마음에 대해 프로젝트 멤버 누구나가 이해 및 수긍할 수 있다는 것을, 빠르게 실감하게 해 드리겠습니다.

◇ KJ법(친화도법)의 순서

　먼저, KJ법(친화도법)의 진행방법에 대해 스텝을 알아둡시다.

KJ법(친화도법)의 4스텝
1 ┊ 정성 데이터의「슬라이스(절편)」를 만들다
2 ┊ 만든 슬라이스(절편)로 소그룹을 만들고, 라벨(표제)을 붙인다
3 ┊ 소그룹을 대그룹화하고, 맵으로 다듬는다
4 ┊ 문장으로 쓰고, 해석과 설명을 할 수있도록 한다

　각각의 스텝마다 약간의 요령 같은 것이 있고, 또 실패하기 쉬운 포인트가 있습니다. 여기서는「설명」과「연습」의 경계선을 없애고, 실제로 손을 움직이면서 배우는 것처럼 순서대로 설명해 보겠습니다 (우선은 읽

는 것만으로 이미지 트레이닝을 실시하고, 다음에 실제로 포스트잇이나 모조지를 사용해 시도해 보는 느낌으로 배워 보세요).

KJ법(친화도법)은 지리학자·문화인류학자로서 저명한 카와키타 지로 박사가 개발한 정보정리·분석·발상을 위한 기법으로, 그 머리글자를 따서 KJ법*이라고 불립니다. 디자인 사고나 서비스 디자인 등 전 세계 모든 조사의 현장에서 사용되는 매우 대중적인 수법입니다. 자세한 내용은 아래의 『발상법』과 『속·발상법』을 참조해 주세요.

발상법 창조성 개발을 위하여[중공신서]
저자: 카와키타 지로
출판사: 중앙 공론사(1967년)
ISBN: 978-4121001368

속·발상법 KJ 법의 전개와 응용[중공신서]
저자: 카와키타 지로
출판사: 중앙 공론사(1970년)
ISBN: 978-4121002105

*KJ 법은 주식회사 카와키타 연구소의 등록상표입니다.

5-6 KJ법(친화도법)에 의한 분석 연습

KJ법(친화도법)에 의한 분석에서는 「얼마나 손이 움직이는가?」가 분석의 질을 가늠하는 하나의 기준이 됩니다. 이해하고 나서 손을 움직이는 것보다, 조금은 무모하지만 「일단은 손을 움직여 보자」는 방식에 익숙해지는 것이 습득의 지름길이므로, 즉시 시도해 봅시다.

◇ 실제로 정성 데이터를 만지고 손을 움직이며 생각해 보자

5장에서 수집한 조사 데이터를 이용하여 KJ법(친화도법)에 의한 분석을 실제로 해 봅시다. 우선은 여기에 쓰여 있는 대로, 흉내를 내고 실천해 보세요.

여기에서는 일단 조사의 테마를 「e커머스 이용에 있어서 사용자의 행동」이라고 하고 있습니다. 또, 비즈니스의 목표를 「라이트 유저를 헤비 유저화하는 방법을 생각하는 것」이라고 설정했습니다.

① 정성 데이터의 「슬라이스(절편)」를 만들다

인터뷰로 수집한 데이터를 포스트잇에 받아쓰고, 분석 작업에서 사용할 대량의 메모 노트(이를 슬라이스 (절편)라고 합니다)를 만드는 작업입니다. 충분히 개인이 할 수 있는 작업입니다.

인터뷰에서 수집한 데이터(＝문자)를 포스트잇 1장에 들어가는 분량의 단편으로 정리해서 적습니다. 처음엔 1장에 담길 분량의 감을 잡기 어렵겠지만, 나중에 조정 가능하므로 우선은 써 봅시다.

> 무언가 특별히
> 원하는 것이
> 있어서 e커머스
> 사이트를 보는
> 것은 아니다.

> 톱페이지가 아니라
> 우연히
> 검색엔진에서
> 상품페이지에
> 도착했다.

위와 같이 어디까지나 관찰적·객관적 사실만을 작성하도록 해 주세요. 이 단계에서 주의해 주었으면 하는 것이, 요약하면 안 되지만, 그렇다고 감정이나 심리 등 아직 보이지 않은 부분을 마음대로 대변하지 않는 것입니다. 그러한 대변 작업은 이후의 과정에서 하면 됩니다.

또, 이후의 작업을 위해 「다가가지 않아도 읽을 수 있는 알맞은 글자 사이즈」에 유의해 주세요.

게다가 여기서는 「이 정성 데이터가 과연 중요할까?」라는 판단은 하지 않고, 수집한 정성 데이터를 모두 사용하는 것이 요령입니다. 또 이 한 장의 쪽지를 보면 그 장면이 떠올리게 만드는 것, 즉 요약되지 않는 것이 중요합니다.

그리고 모든 포스트잇을 모조지 등의 넓은 평면에 붙입니다. 만약 복수 인원으로 실시하는 경우에는 이 작업에 참가하는 전원이 같은 거리감으로 모든 정성 데이터를 읽을 수 있는 상태로 만듭시다. 여기서 만든 슬라이스는 재이용할 수 있으므로 반복연습을 위해서도 정성스럽게 만드는 것이 좋습니다.

> 읽을 수 있는 글자 크기로 / 빠짐없이 쓰기 / 요약하지 않기

② 「만든 슬라이스로 소그룹을 만들고, 라벨(표제)을 붙인다」

이 「소그룹을 만든다」라는 작업이 사실은 가장 발상적인 작업으로, 뻔한 결론이 될지, 새로운 발견이 있을지는, 여기서부터가 중요한 갈림길이 됩니다. 주의해주시고 실천해 보세요. 먼저 앞에서 예로 써낸 이 슬라이스들을 살펴보시기 바랍니다.

어떠한 「불만족의 구조」나 「가치」가 공통적으로 「숨어」 있을까요?

> 무언가 특별히
> 원하는 것이
> 있어서 e커머스
> 사이트를 보는
> 것은 아니다.

> 톱페이지가 아니라
> 우연히
> 검색엔진에서
> 상품페이지에
> 도착했다.

먼저 이렇게「작은 그룹」을 만들고 나면, 바로 그 그룹의 라벨(표제)을 다른 색상의 포스트잇으로 붙여봅시다. 그룹에 포함되는 정성 데이터에 공통되는 특징을 확실히 표현한 라벨을 붙이는 것이 요령입니다. 라벨만으로도 제대로 사용자가 공감할 수 있도록, 풍부한 정보를 포함시킵시다.

여기서 결코 행해선 안 되는 일은「단순한 정보의 정리와 정렬」을 하는 것입니다.

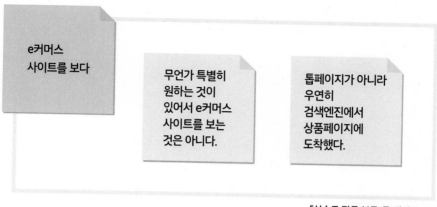

「실수로 잘못 분류」를 해버린 예

「단순한 정보의 정리와 정렬」이란, 예를 들어「e커머스」라는 단어에만 주목해 버리고, 표면적인 매듭의 제목을 붙여 버리는 것입니다. 조사의 목적은「헤비 유저조차 알아채지 못하는, 숨겨진 즐거움」을 찾기 위한 새로운 태스크를 만들어가는 작업이기 때문에, 작업 진행을 멈추게 하는 이러한 분류는 의미가 없습니다.

예를 들면, 이렇게 그룹을 만들어 내고, 라벨을 붙입니다. 그룹을 만들어 낸다는 것은, 복수의 포스트잇 간의「숨은 공통점」을 팀에서「상상·발상한다」는 것입니다. 포스트잇에 쓰여 있는 배경을 팀에서 보완하는 것입니다.

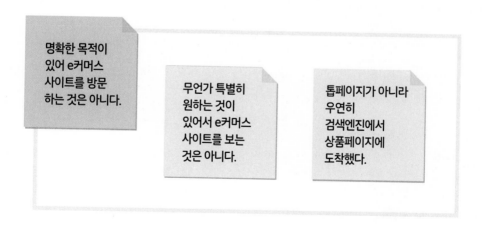

여기서는 왜 명확한 목적이 없는지는 아직 모르겠습니다. 하지만, 일부러 PC를 켜고 검색하거나, e커머스 사이트에 진입하기도 했기 때문에, 또는 잘은 모르겠지만 무언가 원하는 것이 있어 보입니다. 매우 흥미진진한 그룹입니다.

그리고 이러한 표제를 붙여 보면, 이런 슬라이스도 이 그룹에 포함될지도 모릅니다.

> 명확한 목적이 있어 e커머스 사이트를 방문 하는 것은 아니다.

> 무언가 특별히 원하는 것이 있어서 e커머스 사이트를 보는 것은 아니다.

> 톱페이지가 아니라 우연히 검색엔진에서 상품페이지에 도착했다.

> 평소에도 자주, 원래는 예정에 없던 쇼핑을 하게 된다.

만약 최초의 잘못처럼 「e커머스 사이트를 본다」라는 그룹으로 「분류」한다면 이 3가지의 슬라이스들은 이 그룹에는 진입할 수 없습니다. 그러나, 제목을 적절히 붙임으로써 「목적이 없어도 쇼핑할 무언가가 있을 것 같다」라는 것을 「발견」할 수 있습니다.

여기서 한 가지 팁을 드리면, 그다지 큰 그룹을 만들지 말라는 것입니다. 우리의 경험상, 많아도 1그룹당 10장의 슬라이스가 넘는 일은 일단 없었습니다. 그런 경우는 「사용자를 너무 대충 이해하려는구나」라고 반성하고 과감히 한 번 더 토막 내 버립시다. 오히려 포스트잇 1장만 있는 그룹은 있어도 상관이 없습니다.

억지로 올바르게 만들려고 하지 말고 (대부분의 경우, 무엇이 옳은지는 이 시점에서는 모릅니다!), 소규모의 그룹을 재빠르게 많이 만들도록 유의하세요!

③ 「소그룹을 대그룹화하고, 맵으로 다듬는다」

여기부터는 소그룹 라벨에만 주목합니다.

> 명확한 목적이 있어 e커머스 사이트를 방문 하는 것은 아니다.

> 컴퓨터를 사용할 때는 비교적 장시간 내내 사용한다.

> e커머스에서 사는 상품들은 반복 구매할 때가 많다.

앞의 2번째 스텝과 마찬가지로, 더 이상 분류하지 말고 새로운 그룹을 만들어 갑시다. 이전 스텝에서 라벨이 잘 안 되어 있으면 이번 스텝의 작업도 잘 되지 않습니다. 그럴 경우에는 계속해서 표제, 즉 라벨을 바꿔 붙여 보세요. 혹은 이 단계에서 소그룹을 만드는 방법을 재검토하고 싶을지도 모르지만, 물론 그것도 상관없습니다. 자꾸 재검토해 주세요.

그리고 각각의 사이에 어떤 관계성이 발견되면, 그것을 표나 관계도로 이루어진 맵으로 만들어가며 해석해 봅시다.

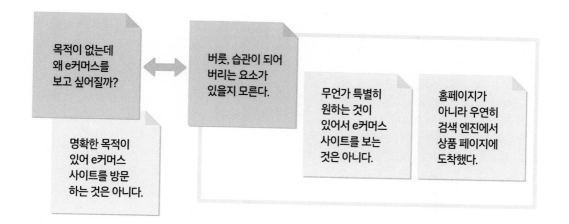

여기까지 진행해서, 무엇이 보였나요? 딱히 하는 일도 없이 왠지 모르게 밤마다 컴퓨터를 켜고 있는 사용자의 모습일까요? 아니면 반복 구매할 때 다른 상품의 충동구매로까지 이어지는 모습인가요? 어쩌면 간과했던 슬라이스인 「정기적으로 충동구매를 하고 있지만, 비교적 즐겁다」가 여기에 해당할지도 모릅니다. 그것도 그럼 같은 그룹에 넣어 주세요.

④ 「문장을 쓰고, 해석과 설명을 할 수 있도록 한다」

연관된 그룹과 라벨들을 관계도와 같은 맵으로 다듬은, 위의 예로도 충분히 깨달음의 내용을 이해할 수 있지만, 여기서 한 걸음 더 「문장으로 쓰기」까지 진행하게 되면, 비로소 KJ법(친화도법)이 위력을 발휘하게 됩니다.

시험 삼아, 위의 맵을 그대로 프레젠테이션 자료에 붙여놓고, 이 분석 작업에 참가하지 않은 사람에게 「설명」해 보면 잘 알 수 있습니다. 유감스럽게도 잘 연결되지 않는 부분이 많이 있어, 설명자의 애드립이나 보완 없이는 불가능하다는 것을 깨달을 것입니다. 즉, 개개인이 알아차리기는 했지만, 전체적으로 해석과 서술이 아직 미흡하다는 것입니다. 그리고, 그러한 결함을 가능한 한 많이 발견하고 발전시켜 나가는 마무리 작업이 이 「문장으로 쓰기」라는 작업이 됩니다.

위의 예를 시험 삼아 문장화해 보겠습니다.

사용자는 평소 아무렇지도 않게 컴퓨터를 열어서 인터넷에서 e커머스 사이트를 보고 있지만, 특별히 무언가를 사고 싶거나 특정 상품을 찾고 있는 것은 아니다. 다만, 정기적으로 구입하는 소모품이 있기 때문에, 그땐 어쩌다 보니 예정에 없던 다른 상품도 보게 되는 경우가 있다.

그리고 그럴 때 (역시 어쩌다 보니) 충동구매하는 경우가 종종 있는데, 그것에 대해서는 별로 후회하지는 않고 있고, 오히려 즐기는 구석이 있다.

여기에서는, 검은색 글자는 실제 분석 결과=설명적인 것, 푸른색 글자는 분석자에 의한 추측=서술적인 것으로, 시각적으로 구별해 보았습니다.

이 문장화된 정보는 원래의 가공되지 않은 데이터와는 달리, 언뜻 연관성이 없는 사용자의 행동이나 감정이 하나의 이용 장면으로써 통합되었다는 점이 중요합니다. 개개의 특수한 케이스가 아니라 어떠한 사용자에게나 일어날 수 있는 보편적인 상황입니다.

그리고, 다른 큰 그룹과 이웃하고 있는 부분부터 다른 글을 쓰거나 하면서, 점점 발전시켜서 많은 누락점을 보완해 나갑시다. 문장화를 하면서 발견할 수 있었던 많은 누락점들이, 즉 발상의 기폭제가 됩니다. 무엇보다, 조사 데이터에 의한 발견들이, 분석자의 주관이나 상상이 아니라 거짓 없는 사용자의 내면에서 나온 것이라는 것이, 다른 프로젝트 멤버에게도 전해지기 쉬워집니다. 누구도 아닌, 사용자의 진정한 욕구이기 때문에 누구도 거역할 수 없습니다.

전문용어나 업계용어는 피합시다. 도표도 필요 없습니다. 또 구두로 설명하고 끝내는 게 아니라 A3 정도의 큰 용지에 굵은 펜으로, 어쨌든 문장으로 완성하는 것이 요령입니다. 사용자는 어떠한 이용 상황에 있는지, 어떠한 구체적인 행동을 취하고 있는지, 그 안에서 어떠한 점에 가치나 불만을 느끼고 있다고 생각되는지, 그러한 정보를 빠짐없이 글에 담습니다.

어떤가요? 어떤 서비스나 제품을 사용자에게 제공해야 하는지, 지금까지와는 다른 시각으로 제안할 수 있을 것 같은 생각이 들지 않나요?

◇ KJ법(친화도법)은 「발상을 하고, 과제를 만들기 위한 방법」

여기까지 진행해 오면서, 실은 단순히 정보를 정리한 것이 아니라, 무언가 깨닫게 되었다고 느끼지 않나요? 우리는 사용자의 불만족의 구조나 행동 문맥을 상상하면서, 사용자 자신이 말로 할 수 없었던 새로운 태스크를 창조해 나가는 작업을 실시하고 있습니다.

즉, KJ법(친화도법)은 명사에 주목한 분류법이 아닌, 동사나 형용사에 주목한 과제 창출법입니다.

분석 결과, 특히 성과로서 마지막에 기술한 문장을 읽어 보면, 그와 같은 수준의 내용을 사용자에게 직접 언어화, 가시화, 설명화하게 한다는 것은 거의 불가능하다는 것을 깨닫게 됩니다. 사용자의 본심에 「제자로 입문」하는 마음으로, 사용자 자신이 의식하고 있지 않은 과제나 가치를 찾아 나갑시다.

◇ 약간의 요령 「분석의 능숙함은 과감히 움직이는 것」

분석 작업에서 다루고 있는 것은 모두 텍스트 데이터이며, 단지 포스트잇일 뿐, 모조지 위에 그린 선이나 울타리밖에 없음을 기억해 보세요. 이 단계의 성과물은 깔끔하게 완성된 HTML이나 소스코드와 달리, 아무리 손상되어도 큰 손실은 되지 않습니다.

사실 분석 작업을 잘하고 있는지의 여부를 이 단계에서만 판단하는 것은 매우 위험합니다. 판단하기 위한 지표를 집어넣을 수도 있지만, 필자의 경험상 하나하나의 작업을 너무 신중하게 하는 것보다 신속하게 다음 프로세스로 나아가 검증하고, 재빨리 잘못을 바로잡는 것이 효율적이기도 하고 효과적입니다.

우리가 도와드린 수많은 컨설팅 경험으로 보면, 뛰어난(게다가 참신한) 시책으로 실적을 많이 만드신 분일수록, 섬뜩해질 정도로 「도중에 분석 결과를 뒤엎는」 행동을 하곤 합니다. 손을 움직이는 수고가 많음, 쓴 포스트잇뿐만 아니라 버린 포스트잇 장수의 많음, 그런 것들이 분석 작업, 나아가 UX 디자인이 잘되도록 하는 가장 중요한 지표일지도 모르겠습니다.

◇ 언제까지 붙잡고 있을래? 그럴 땐 「시간제한을 둔다」

그래도 역시, 익숙해지지 않는 동안은 「해도 해도 포스트잇을 계속 움직이게 되어서, 언제까지고 끝나지 않을 것만 같다」는 불안감이 뒤따를지도 모릅니다. 한번 단락을 지은 생각이라도 나중에 다시 보게 되거나 다른 멤버와 함께 보거나 하면, 또 새로운 깨달음이 생겨서 다시 분석하고 싶어지는 일도 종종 있을 것입니다.

그럴 때는 「시간제한을 둔다」라는 방법이 유효합니다. 좀 아쉽기도 하지만, 모든 데이터를 완전히 분석하는 것은 실제로는 불가능합니다. 조금 전의 「과감히 움직이는 것」 부분에서도 이야기했습니다만, 어느 정도 부분까지 분석이 된 상태에서 과감히 다음 공정으로 넘어가고, 무언가 부족한 요소가 있을 때 분석 결과를 재검토해 보는 것이 더 효율적으로 진행될 수 있습니다.

「사용자를 완벽하게 이해했다!」고 착각하는 것이 더욱 위험한 일이므로, 경험을 쌓으면서 서서히 "멈추는 때"를 알아갑시다.

5-7 데이터 분석 툴킷

실제 분석 작업에 있어서 도구 선택에도 프로의 노하우가 있습니다. 어떤 도구들을 사용할지 고민하는 것만으로 작업이 원활하게 진행되니 참고해 보세요.

◇ 정성 분석에 편리한 툴

포스트잇

우리가 자주 이용하는 포스트잇은 75mm×75mm의 정방형입니다. 분석 작업에서 자주 발생하는 「왔다, 갔다」를 스트레스 없이 실시할 수 있어야 분석 품질이 높아지는데, 이를 위해서는 3M 사의 접착형 포스트잇을 추천합니다.

또, 사용하는 포스트잇의 색상에 룰을 정해 두면, 특히 여러 사람이 분석을 실시할 때 매우 유효합니다. 참고로 아래에 우리가 항상 사용하고 있는 규칙을 소개해 두겠습니다.

노란색	오렌지색	청색	핑크색
슬라이스(절편)	라벨(표제)	라벨(표제)	아이디어 등

일단 규칙이 정해지면, 지금 자신들이 어느 단계의 작업을 실시하고 있는지, 논의 대상이 어느 단계에 있는지를 포스트잇의 색으로, 시각적으로 인식을 공유할 수 있게 됩니다. 「아직 핑크 단계가 아니다, 지금은 파랑 단계를 확실히 논의하자」와 같이, 의사소통에도 편리함을 줄 수 있습니다.

모조지

모조지를 이용하지 않고 직접 벽에 포스트잇을 붙이는 방법도 있고, 심지어 벽에 붙인 채로 치우지 않고 그대로 방치해두는 사무실도 많이 봐왔습니다. 또, 조사 데이터에는 개인정보가 포함되는 것도 있고, 한 번의 작업으로 모든 것이 완료된다고는 할 수 없습니다. 정보 보안의 관점에서도, 이동 가능한 대지로서 모조지(사륙판/1,091×788mm)를 이용하는 것을 추천합니다.

치울 때는 둥글게 마는 것보다 반으로 접는 것이 포스트잇이 떨어지지 않습니다. 하지만 접히게 되는 부분에 붙은 포스트잇은 떨어지기 쉬우니, 미리 반으로 접어서 주름을 만들고, 그 주름을 피해서 포스트잇을 붙이는 디테일한 습관이 반복적으로 실시하는 분석 작업의 스트레스를 줄이고, 분석 작업 자체를 적극적으로 실시하는 모티베이션으로 연결됩니다. 익숙해지기 전까지는 칸이 인쇄된 방안지 같은 것을 사용하면 편리할 것입니다.

수성펜 (굵은 글씨/각심)

우리는 심이 굵은 수성펜을 많이 사용합니다. 서점이나 슈퍼마켓에서 볼 수 있는 POP를 쓸 수 있을 정도의 굵기로 생각하면 될 겁니다. 포스트잇도, 가능한 한 큰 글씨로 쓰도록 유의하세요. 벽에 붙인 많은 정성 데이터를 누가 와도 동일한 거리감으로 볼 수 있게 하는 것이 중요합니다. 유성펜은 냄새로 인해 속이 안 좋아지는 분들도 있으니, 실내 작업에서는 배려가 필요합니다.

실제 업무에서의 실천 난이도

몰래 연습	일부 업무에 적용	클라이언트와 함께
★★	★★	★★★ (★★★★)

「몰래 연습」을 시작하려면?

개인적인 것부터 시작해 봅시다.

　본장의 첫머리에서 말씀드린 대로, 사용자 조사는 혼자서 몰래 연습하는 것만으로도 점점 향상될 수 있습니다. 익숙해지면, 자신의 캐릭터를 살려서 「이렇게 물어보면 상대방이 말을 잘해주는 편이야!」라는 자신감이 생길 거라고 생각합니다.

　즉, 환경이 중요하다는 결론이 납니다. 캐주얼한 기회를 얼마나 많이 만드느냐가 중요해지는데, 처음에는 몸가짐이 자연스러운(그리고 상대도 편안하게 만드는) 것이 요령입니다. 필자가 신인 인터뷰어를 교육할 때도, 인터뷰라고 하지 말고 「런치미팅」과 같은 말로 바꿔서 조사를 하라고 합니다.

　그리고 우선은 그 상대로 「친구」를 골라보세요. 실패해도 괜찮은, 그런 환경에서 시작해 보는 것이 최초의 돌파구가 될 겁니다.

「일부 업무에 적용」을 해 보려면?

동료와의 점심시간을 활용해 봅시다.

　몰래 연습의 연장전으로써 이번에는 친구가 아닌 「동료」나 「선배」 중에서 사용자를 찾아보고, 똑같이 인터뷰해 봅시다.

　지금까지 하지 않았던 조사를 실시함으로써 새로운 성과를 얻을 수 있는 것은, 결과적으로는 가장 효과적인 프로모션 활동이기도 합니다. 방법의 정의나 그 유효성에 대해 설명하는 것에 많은 노력을 기울이는 것보다는, 현장·현물을 보고, 과정을 몸소 체감하는 것이 도입도 원활하고, 무엇보다 성과를 극적으로 얻게 되는 경우가 많습니다.

　분석까지 끝난 후에 「사실 지난 점심때 찾아뵙게 된 내용을 분석해보았는데……」라며, 감사의 마음을 담아 분석 결과를 얘기해 보세요. 분명 놀라워하실 거라고 생각합니다(단, 나중을 생각해서 「속내를 건드려도 상대에게 혼나지 않을 것 같은 주제」로 해둘 필요는 있겠죠).

「클라이언트와 함께」하려면?

결과뿐만 아니라 「과정」을 확실히 보여드리죠.

　이 조사법은 「발견」을 목적으로 하고 있기 때문인데, 일반적인 설문 조사 등과 달리 숫자로 설명할 수 있는 명쾌함이 없고 그 중요성이 잘 전달되지 않습니다.

　필자의 경험상, 사용할 수 없는 조사·분석이 되어 버리는 원인은 「결과만을 전달하고, 그것이 옳다는 것을 나중에 설득하려고 한다」는 식의 커뮤니케이션에 있는 것 같습니다. 오히려 놀라운 발견일수록, 클라이언트로부터는 부정적인 반응이 있을 가능성도 있습니다.

클라이언트를 끌어들이고, 납득하게 하고, 정말로 도움이 되는 사용자 조사로 만들기 위해서는, 어쨌든 「조사와 분석의 과정을 오픈하고, 발견에 이르기까지의 이치가 제대로 연결되어 있음을 전한다」는 것에 노력을 다합시다. 클라이언트에 따라서는 「마음대로 하고, 결과만 리포트해」라고 할 수도 있지만, 여기서부터는 프로로서, 「그럼 결과의 중요성이 제대로 전달되지 않는다」는 것을 확실히 이해시키도록 합시다.

사용자 조사의 "사례 소개"

우리 팀에서 실제로 실시한 사용자 조사 사례를 소개하겠습니다. 라이트급 쪽은 일부 업무에서 가볍게 행한 예, 헤비급 쪽은 클라이언트도 끌어들여 「원래의 라인」도 넘는 영역에 이른 예이지만, 실은 연속된 하나의 프로젝트입니다. 갑자기 헤비급 리서치를 실시하지 않고 프로젝트 단계를 나누고, 클라이언트의 이해가 서서히 진행되어서 효과를 얻을 수 있었던 사례입니다.

【라이트급】 사용자 조사 사례와 프로세스

〈 프로젝트 데이터 〉

기간	전가동	체제	
2주	5일 정도	3명	

〈 목적 〉

자사 e커머스 사이트의 이용자 수 부진에 대한 원인과 현재 사용자 이용 현황을 파악하고자, 고객 여정맵을 만들고 싶다는 클라이언트의 요구에 컨설팅을 진행하였다. 우선 e커머스 사이트 하나만의 이용 상황뿐만 아니라, 관련된 전후의 행동에 대해서도 조사할 필요가 있다고 생각했지만, 책정된 비용을 들여서는 제대로 된 조사를 하지 못하기 때문에, 자사 내의 사용자를 찾아 런치타임 등을 이용해 간단하게 인터뷰와 분석을 실시하고, 컨설팅 제안을 위한 기초 데이터로 활용했다.

<프로세스>

클라이언트 상담	사용자 조사 (수집)	사용자 조사 (분석) ※사내 워크숍	분석 결과의 리포트 작성 제안서 작성	제안 정식 안건화 수주 착수
비즈니스상의 과제나 목적을 청취하여 획득	e커머스 이용 경험이 있는 사내 멤버 5명을 인터뷰	제안 팀 3명에 의한 분석 워크숍 실시	당초 상담의 범위뿐 아니라, 옵션으로서 사용자 조사에 대해 제안	옵션을 포함한 내용이 승인되어 정식으로 수주

<포인트>

사용자 조사의 성격상 「실제로 해 보지 않으면 무엇이 나올지 모른다」는 측면이 있어, 그런 애매한 사항에 갑자기 예산을 들이는 결정을 하는 것은 어렵다고 생각했다. 그 때문에, 우선은 간이적인 수법과 최소한의 가동으로 무상의 「시험 조사」를 실시해, 성과의 일부를 먼저 보여드림으로써 「이것이 필요한 활동이다」라는 것을 이해시켰다.

이와 같이, 사용자 조사(인터뷰) 결과를 KJ법(친화도법)으로 분석하는 것까지, 며칠 동안 한 번에 간이 조사로 실시하고, 그 결과물을 「중간결과물」의 형식으로 제시하여, 클라이언트로부터 당초 상담 내용인 고객 여정맵의 작성 영역을, 해당 사이트만의 이용 상황뿐만 아니라, 관련된 전후의 행동까지 조사하는 옵션으로 승인을 받고 프로젝트를 수주하게 되었다.

【헤비급】 사용자 조사 사례와 프로세스

〈 프로젝트 데이터 〉

기간	전가동	체제	
2개월	20일	3명 (+ 클라이언트 30명)	

〈 목적 〉

앞서 언급한 제안 내용에 의해, 사용자 조사의 프로세스에 클라이언트 측도 참가할 필요가 있다는 합의에 이르러, 인터뷰·분석·고객 여정맵 작성까지 합동팀에서 단번에 실시하는 프로젝트를 진행했다. 지금까지 파악되지 않았던 「e커머스 사이트 이용에 있어서 사용자의 '기쁨'과 '실망'에 대해 많은 깨달음을 얻는다」는 것을 프로젝트의 목적으로 삼았다.

〈 프로세스 〉

조사 주제와 재구성 및 조사 설계	사용자 조사 (수집)	분석 워크숍 설계 및 팀 편성	분석 WS 실시 3시간×4회	분석 결과에 기반 신규 시책 창출
간이조사로부터 얻은 인사이트를 바탕으로 하여 조사 테마를 재설정	일반 사용자 패널 조사를 통한 정보 수집 (10명)	클라이언트와의 협동방식의 분석 워크숍 설계 및 전문가 팀 편성	30명을 4팀으로 나눠, 심도있는 분석 워크숍을 실시	다수의 인사이트를 e커머스 사이트의 기능 개선, 신 서비스 구현 등에 활용

〈 포인트 〉

조사만 실시하는 것치고는 대규모 프로젝트가 되었다. 각각의 방법에 대해서는 표준적인 것을 조합한 것에 불과하지만, 클라이언트와의 협동 체제를 만들기 위한 커뮤니케이션 설계나 팀 편성이라는 「팀 디자인」에 주력한 것이 프로젝트 성공의 가장 큰 요인이었다.

6장

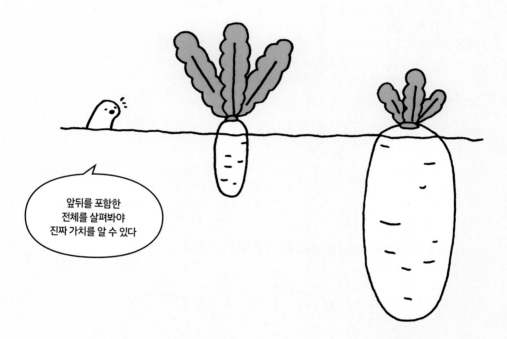

앞뒤를 포함한
전체를 살펴봐야
진짜 가치를 알 수 있다

고객 여정맵으로
고객의 경험을 가시화

이전 장에서는, KJ법(친화도법)에 의해서 사용자도 깨닫지 못한 본질적인 욕구, 즉 본심을 발견하는 방법을 배웠습니다. 이 장에서는, 그러한 사용자의 암묵적 지식을 포함한 행동이나 심리를 받아들여, 서비스(제품)뿐만 아니라 평상시 생활도 포함한 고객경험 전체의 점과 점을 연결해, 선(문맥)으로 가시화해 나갑니다. 초보자도 할 수 있는 "현재 모습(as-is)"의 고객 여정맵을 만드는 방법을 배워 봅시다.

고객 여정맵이란 ?

고객 여정(Customer Journey)이란 제품이나 서비스, 웹사이트 등의 "사용자 경험 전체"를 가리키는 말로, 그것들을 가시화한 것이 고객 여정맵입니다. 특정 페르소나의 제품·서비스나 앱, 웹사이트의 이용 전, 이용 중, 이용 후의 상황이나 행동, 사고, 감정, 또는 그 경험에 관계된 정보, 인물, 장소, 미디어, 디바이스 등 다양한 요소가 들어 있고, 보통 그것들을 전체를 부감(high angle, 俯瞰)할 수 있도록 1장에서 제시된 맵의 모양으로 만들게 됩니다.

고객 여정맵은 사용자 경험을 가시화하고, 또 사용자의 행동을 부감해 보고, 드러나는 웹사이트나 제품·서비스의 문제를 발견해, 새로운 기획안의 힌트나 개선에 유용하게 활용하는 것이 가장 큰 목적입니다.

최근에는 고객 여정맵을 작성하는 과정 자체가, 클라이언트를 포함한 프로젝트 관계자 전원이 사용자의 시선으로 논의할 수 있는 토대가 되기 때문에, 부서나 조직 간의 벽을 허물고, 제품·서비스의 문제점을 파악하고, 합의를 통해 재개발하는 툴로서도 주목받고 있습니다.

고객 여정맵의 아웃풋 예

일반적으로 흔히 볼 수 있는 것이 시간별(스텝)로 사용자의 「터치포인트」, 「행동」, 「감정곡선」 등을 기재한 것입니다. 이 밖에 주요한 부분을 인포그래픽 요소를 이용해 표현하는 케이스도 있습니다.

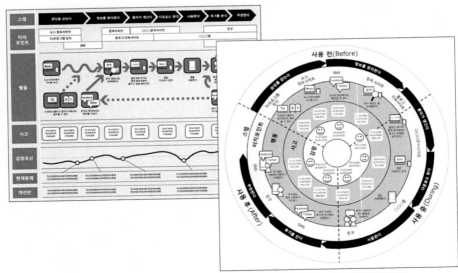

원형으로 순환되는 형태도 있고 포맷은 고정되어 있지 않다.

실무에서 실시하는 고객 여정맵

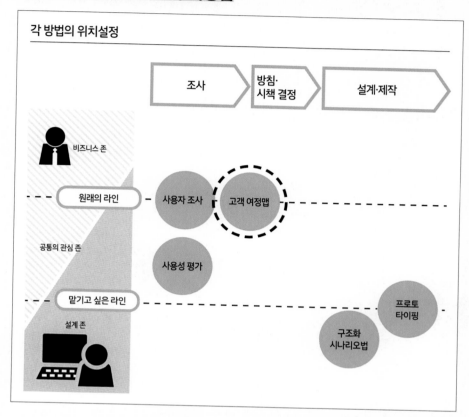

각 방법의 위치설정

조사 → 방침·시책 결정 → 설계·제작

비즈니스 존
원래의 라인
공통의 관심 존
맡기고 싶은 라인
설계 존

사용자 조사
고객 여정맵
사용성 평가
구조화 시나리오법
프로토 타이핑

고객 여정맵은 마케팅 용어로써도 사용되고 있으며, 이것의 개발·분석만을 원하는 프로젝트도 점차 늘고 있습니다. 「원래의 라인」에 걸쳐 있긴 하지만(그러므로 때때로 클라이언트가 본인들이 사내에서 이미 개발해 본 적이 있다고 하는 케이스도 있습니다), 새로운 서비스 개발의 연계를 생각하거나, 인포그래픽적인 정리 방법을 기대하는 경우 등, 비교적 디자인이나 기획 관련 팀에도 의뢰가 많아지고 있습니다.

〈 실제 업무에서의 실천 난이도 〉

몰래 연습	일부 업무에 적용	클라이언트와 함께
★★	★★	★★★ (★★★★)

당신에게 사용자 조사나 그 분석 경험이 있다면 「일부 업무에 적용」까지는 비교적 실시하기 쉬울 것입니다. 한 단계 올라가서 고객 여정맵을 작성하는 워크숍에 클라이언트를 참여하게 하려면, 워크숍과 관련된 설계·운용 스킬·경험 등을 미리 많이 쌓아두는 게 좋습니다.

6-1 고객 여정맵이 요구되는 이유

고객 여정맵을 작성할 때 염두에 두고 싶은 것. 그것은 바로 사용자는 특정 제품·서비스만을 중심으로 살고 있는 것이 아니라 여러 미디어와 접촉하고, 여러 사람과 이야기하고, 여러 가게에서 상품을 보거나, 사거나 하고 있다는 것입니다.

◇ 제품·서비스가 원하는 대로 사용자는 행동하지 않는다

실제 사용자에게, 평상시에 어떻게 제품·서비스를 사용하고 있는지에 관해서 이야기를 들어 보면, 서비스 개발이나 마케팅 업무 등 관련 담당자들이 생각지도 못했던 이야기를 듣게 되는 경우가 많습니다.

피험자들은 제법 직설적인 의견을 말해준다.

왜냐하면 IT업계나 서비스 설계, 마케팅 관계자는 서비스의 시작선을 「자사의 제품·서비스 중심」으로 생각하기 때문입니다.

고객 여정맵을 작성할 때의 마음가짐은, 「사용자는 자사의 제품·서비스를 우선적으로 생각하고 행동하지 않는다」, 「사용자는 어느 단계에서 우리 제품·서비스를 이용하는 것일까?」 등을 자문자답해 보고, 자사 제품·서비스와 해당 앱, 웹사이트 등을 포함한 전체적인 사용자 행동이나 전후관계를 응시해 나아가야 합니다.

6-2 고객 여정을 위한 조사

"현재 모습(as-is)"의 고객 여정을 가시화하기 위해서는, 테마가 되는 앱 또는 웹사이트나 제품·서비스를 이용하는 고객 경험의 전후 상황을 파악할 필요가 있습니다.

◇ 고객 여정을 위한 조사는 어떻게 진행하는가?

이른바 마케팅 조사의 일환으로 실시되고 있는 정량적인 앙케트나 웹사이트의 액세스 해석 등의 조사 데

6장 ▼ 고객 여정맵으로 고객의 경험을 가시화

132

이터만으로는, 사용자 개개인의 실제 행동이나 본심, 감정 등을 파악할 수 없습니다.

고객 여정의 조사에서는 정량 조사 데이터와 함께 5-1의 「인터뷰」 등에서 소개하는 조사를 실시하고 구체적인 정성적 데이터를 수집하는 편이 더 정확도가 높아질 것입니다.

e커머스 관련 조사항목 (예)	e커머스 방문 전	e커머스 방문 중	e커머스 방문 후
상황	e커머스 방문 전 상황은?	e커머스 방문 시 상황은?	e커머스 방문 후 상황은?
터치 포인트	접촉한 미디어나 사람은? 열람한 타 사이트는? 오프라인 매장은?	어느 사이트를 경유해 방문? 열람한 타 사이트는?	접촉한 미디어나 사람은 열람한 타 사이트는? 오프라인 매장은?
디바이스	접촉한 미디어나 타사이트 를 열람한 디바이스는?	e커머스나 타 사이트를 열람한 디바이스는?	접촉한 미디어나 타사이트 를 열람한 디바이스는?
시간	이용한 시간대는?	e커머스 이용 시간대는?	이용한 시간대는?
장소	이용한 장소는?	e커머스 열람 장소는?	이용한 장소는?
상품	사고싶은 상품은 무엇인가?	어떤 상품을 선택했는가?	구매한 상품은?
정보(웹·SNS 등)	웹상에서 찾은 정보는?	e커머스에서 찾고 있는 정보는?	상품 구매 후에, 웹상에서 찾은 정보는?
정보(매스 점포 등)	웹 이외에서 얻은 정보는?	e커머스, 웹 이외의 정보는 얻었는가?	상품 구매 후에, 웹이외에서 얻은 정보는?
목적	상품을 사고, 무엇을 하고 싶은가?	e커머스상에서 무엇을 하고 싶은가?	상품 구매 후에, 무엇을 했는가?
이유	왜 상품을 사고 싶은가?	왜 e커머스상에서 사고 싶은가?	왜 상품을 샀는가?
행동	상품을 사기 위해, 어떤 행동을 하였나?	e커머스에서 상품을 어떻게 보고 었었나?	상품 구매 후에, 어떤 행동을 하였나?
심리·감정	e커머스 방문 전에는 어떤 기분이었는지?	e커머스 방문 중에는 어떤 기분이었는지?	e커머스 방문 후에는 어떤 기분이었는지?

이용 전·이용 중·이용 후와 같이, 시간 축에 따라 데이터를 수집하자.

6-3 고객의 여정을 만들어 보자

고객 여정맵을 작성하는 조사 데이터가 모이면, 다음으로 여정의 주인공이 어떤 인물인지를 가정하고 진행해야 합니다.

◇ 우선 여정 주인공의 이미지를 가정해 보자

간이 페르소나를 작성합니다. 이 장에서는 예로, 「쇼핑몰 사이트」를 이용하는 사용자를 가정해 봅니다.

다음과 같은 간이 페르소나를 만들려면, 동료나 친구에게 「쇼핑몰 사이트」나 「쇼핑몰 오프라인 매장」을 평소 어떤 상황에서 이용하고 있는지, 30분이라도 상관없으니 미주알고주알 이야기를 듣고 데이터를 모으면 좋을 것입니다.

웹사이트, 앱 또는 제품이 테마라고 해도, 평상시의 라이프스타일이나 하루하루의 생활 모습이나 즐거움 등을 알 수 있도록 이야기를 잘 듣고서, 간이 페르소나 인물의 이미지를 구체화해 봅시다.

고객 여정을 위한 간이 페르소나 예

◇ 조사 데이터를 포스트잇에 써서 시간대별로 나열해 보자

고객 여정을 위한 정성적인 조사 데이터는 인터뷰 결과나 설문지 자유응답, 필드워크 메모 쓰기 등 이른바 문장 상태인 경우가 많습니다. 회사 회의실의 화이트보드나 큰 모조지 등 넓은 면적을 사용하여 연습을 해 봅시다.

한번 붙인 포스트잇이라도, 전후 관계나 글이 이상하다고 생각되면, 위치를 바꾸어서 다시 붙여 보거나 내용을 수정하거나 하다 보면, 납득이 가는 고객 여정이 보일 것입니다.

1	「스텝」, 「터치포인트」, 「행동」, 「사고」, 「감정」의 구분을 만든다.
2	"간이 페르소나" 인물이 행동하는 모습을 상상하면서 「행동」의 틀 안에, 조사 데이터 중 행동에 해당하는 내용을 적은 포스트잇(노란색)을 붙여나간다.
3	"간이 페르소나" 인물이 행동하는 모습을 상상하면서 「사고」의 틀 안에, 조사 데이터 중 사고에 해당하는 내용을 적은 포스트잇(초록색)을 붙여나간다.
4	「행동」, 「사고」의 흐름이 보이면, 단계를 대략적으로 파악하여 「스텝」으로 포스트잇 (파란색)에 써나간다.
5	스텝마다 등장하는 사람이나, 가게, 앱(웹사이트)과 같은 「터치포인트」를 포스트잇 (주황색)에 적어간다.
6	마지막으로, "간이 페르소나"의 기분의 기복을 상상하면서, 곡선으로 「감정」을 그려나간다. 곡선의 높은 지점(산)과 낮은 지점(계곡)에 그 기분을 덧붙인다.

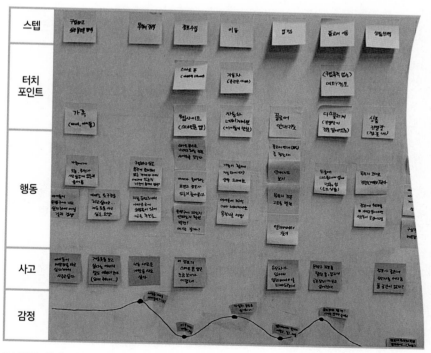

포스트잇을 이용해 고객 여정을 생각한다 .

◇ 여러 사람과 워크숍 형식으로 생각해 보자

고객 여정을 생각하는 것은 혼자서도 할 수 있지만, 가능하다면 프로젝트 멤버나 회사 동료 등 몇 명과 몇 시간 정도를 할애하여 워크숍 형식으로 진행하는 것이 이상적입니다.

왜냐하면 조사 데이터에 포함되는 사람들의 행동이나 사고는 다양하며, 그것을 단 한 사람의 지식이나 경험으로 판단하여 고객 여정으로 연결시켜 나가는 것은 매우 난이도가 높고 노력도 필요하기 때문입니다. 워크숍에 참가한 여러 사람의 지견을 활용하는 편이 고객 여정 분석의 객관성이나 정확도를 높일 수 있으므로, 꼭, 누군가에게 권유하여 함께 실천해 봅시다.

가능한 큰 회의실의 넓은 벽면을 이용하고 있지만, 테이프가 붙지 않는 벽면의 경우는 오른쪽 사진처럼 "유리창"에 붙이는 것도 고려해 본다.

6-4 "현재 모습 (as-is)" 의 문제를 해결하는 고객 여정

"현재 모습 (as-is)"의 고객 여정맵을 멀리서 바라보다 보면, 점과 점이 연결된 선(문맥) 속에서 주인공이 명확하게 곤란해하는 모습이 보이고, 주인공조차 알아채지 못한 니즈를 깨닫기도 합니다.

◇ 경험 전체를 바라봄으로써 문제점을 찾아낸다

조사 내용을 바탕으로 생각한 고객 여정은 주인공의 경험의 "현재 모습 (as-is)"을 가시화한 것이라고 할 수 있습니다.

이러한 현재의 경험에 기반한 문제점을 도출하고, 문제 (issue) 해결형의 고객 여정맵을 작성해 봅시다 (사용자의 본질적인 가치에서 "미래 모습 (to-be)"의 고객 여정맵을 그리는 본격적인 케이스는 난이도가 높기 때문에 이 책에서는 다루지 않습니다).

현재의 경험 전체상을 부감해 보면, 주인공은 여정의 시작부터 끝까지 항상 최선의 경험을 하고 있는 것이 아니라, 때로는 불만이 있거나 곤란한 일이 일어나고 있는 등, 어렵지 않게 문제점의 가설을 발견할 수 있게 됩니다. 예를 들어, 주인공이 쇼핑몰 내의 매장에서 쇼핑을 하고 있을 때, 쇼핑을 즐기고 있었을 텐데 감정곡선이 내려가 있다면, 그 당시 또는 그 전후에 무슨 일이 일어나고 있는지를 분석하여 그 원인을 찾을 수 있을 것입니다.

반면, 주인공은 현 상태를 당연하다고 생각하고 감정곡선이 내려가지 않았어도, 사실은 더 좋은 경험을 할 수 있었을 것이라는 잘 보이지 않는 문제점이 있는 경우도 있습니다. 예를 들어, e커머스 사이트에 문의를 한 뒤 며칠 후에 답변을 받았음에도, 주인공은 그게 당연한 것이라고 생각하고 있었다고 합니다. 그러나, 실제로는 전화로 문의를 하면 즉석에서 해결하여 시간 단축이 될 수 있다는 것을 깨닫지 못한 경우입니다.

문제점이라 생각되는 포인트가 발견되면, 그것들을 구두로 이야기하는 것만이 아니라, 아래의 그림과 같이, 단서나 팩트가 되는 포스트잇을 빨간 동그라미로 둘러싸거나 하여 표시하고, 고객 여정의 밑부분에 문제점을 문장 형식으로 포스트잇에 작성하여 가시화합시다.

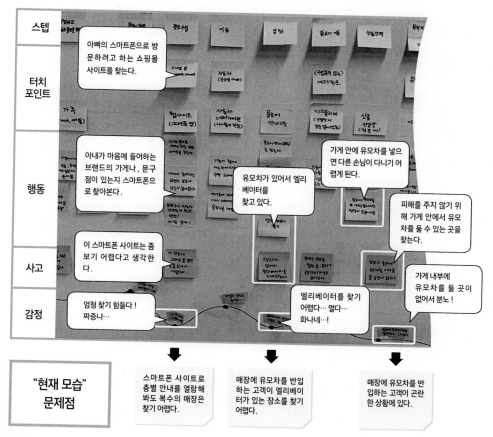

"현재 모습 (as-is)"의 고객 여정의 문제점은 그 뒷받침이 되는 포스트잇을 빨간 테두리로 두거나, 다른 색의 포스트잇으로 문제를 글로 추가하거나 해서 명시해 놓는다.

◇ 문제를 개선한 고객 여정을 그리다

고객 여정상 "현재 모습 (as-is)"의 문제점이 나오면, 다음은 문제 해결 방안을 검토해 봅니다. 예를 들어, 웹 사이트를 사용할 때나 매장에서 쇼핑 중에 감정곡선이 내려가 있는 부분이 있다면, 그것을 올리려면 어떻게 해야 하는지를 생각해 보는 겁니다. 문제 해결 방안을 몇 가지 생각해 보고 "현재 모습 (as-is)"의 문제점 아래에 포스트잇을 붙여 나가면 작업이 효율적입니다.

문제를 해결하는 고객 여정이 되도록 하여 새로운 경험의 흐름이 생기면, 다시 한번 여정의 시작부터 끝까지를 관통해 바라보고, 어디까지나 주인공의 기분을 상상하면서, 개선안에 의해 불만이 줄어들었는지, 부드럽게 행동이 진행되는지 등을 판단하는 것이 중요합니다. 여러 명이 참여하는 워크숍 형식으로 분석을 하고 있다면, 서로 의견을 나누면서 더욱 깊은 원인 고찰이나 개선안 검토를 할 수 있을 것입니다.

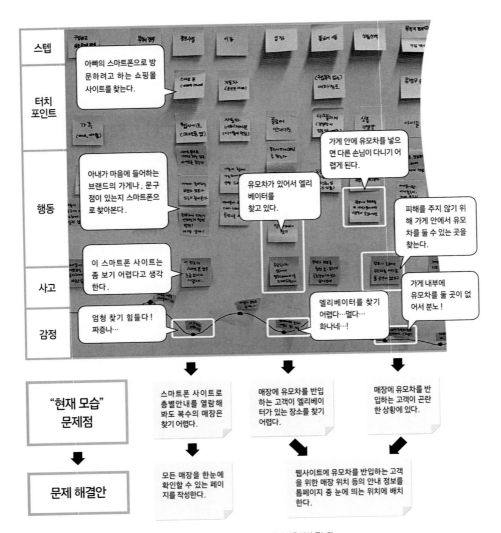

"현재 모습 (as-is)" 과제를 개선한 내용의 포스트잇을 더해 감정곡선이 어느 정도 변화할지 선을 다시 긋는다.

문제 해결의 흐름을 따질 때마다 100% 사용자의 만족을 채우려고만 한다면, 기업 측에는 아무런 이익이 발생하지 않기도 합니다. 사용자의 요구와 기업 측 요구의 균형도 잘 고려해야 합니다.

6-5 고객 여정맵 툴킷

고객 여정맵에 정해진 틀은 없지만, 아무것도 없는 상태에서 만들려면 꽤 수고가 필요합니다. 이 장의 샘플을 사용하여 본인 나름대로 연습해 봅시다.

◇ 고객 여정맵 정리용 템플릿

고객 여정을 검토한 성과물은 모조지와 포스트잇으로 작성한 상태를 사진으로 촬영하고, 이를 데이터로 공유하면 가장 편리합니다. 그러나, 프로젝트를 진행하다 보면 고객 여정맵을 자료로서 정리하고, 관계자와 공유하거나 클라이언트에게 제공해야 하는 경우도 있습니다.

사실 고객 여정맵에는 정리의 규칙이나 방법이 정해져 있는 것은 아니고(사실 UX 디자인과 관련된 모든 조사 방법에 특정 규칙이나 방법이 정해져 있는 건 아닙니다. 명심하세요!), 각자·각 회사가 독자적으로 작성하고 있습니다. 여정맵 정리를 디자이너가 담당하여 미적 센스가 있는 그래피컬한 마무리를 하기도 하지만, 일반적으로는 기업의 해당 서비스 개발 담당자나 제작사의 디렉터에 해당하는 직종의 분들이 작성을 담당하는 경우가 많을 것입니다. 그래서, 본서에서는 고객 여정맵을 정리하는 파워포인트용 템플릿을 준비했습니다.

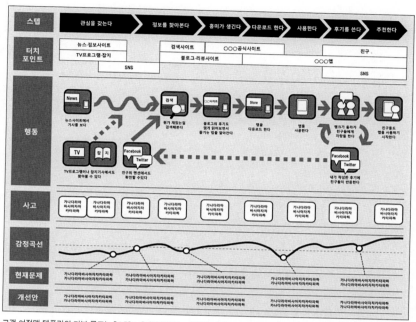

고객 여정맵 템플릿의 기본 구조는 「스텝」, 「터치포인트」, 「행동」, 「사고」, 「감정곡선」을 나타내는 레인과, 「현재 문제」와 「개선안」이 텍스트로 정리된 레인으로 구성되어 있다.

고객 여정맵의 아이콘 예. 고객 여정맵은 경험이나 행동을 가시화하는 것이 큰 목적이기 때문에 위와 같은 아이콘을 넣으면 보는 측이 직감적으로 이해할 수 있다.

제로부터 만들면 의외로 시간이 걸리는 이런 종류의 아이콘도 파워포인트 도형의 조합으로 템플릿에 들어가 있으므로, 그룹 해제하고 적당히 수정하는 등, 자유롭게 사용하시기 바랍니다.

다운로드는 아래의 URL로 접속해 주세요.

URL http://greenberry.kr/ux-design-template

실제 업무에서의 실천 난이도

몰래 연습	일부 업무에 적용	클라이언트와 함께
★★	★★	★★★ (★★★★)

「몰래 연습」을 시작하려면?

사용자 조사의 데이터나 분석 결과가 있으면, 우선은 그것을 기초로 연습을 시작할 수 있습니다. 만약 없다면 5-1의 「사용자 조사」를 먼저 보세요.

「일부 업무에 적용」을 해 보려면?

다행히 고객 여정맵은 비교적 대중적인 방법이 되었기 때문에, 일부 업무에 적용해보려 한다면 당신의 상사·선배도 비교적 호의적이지 않을까 싶습니다.

프로젝트에 관계하는 실데이터(정량 데이터, 정성 데이터 모두)를 충분히 모은 후에 실시해 봅시다. 잘된 경우에는 클라이언트에게도 보여 주고 싶은데, 그때 논거가 약한 여정이라면 그냥 생각이 강한 가설로 간주되기 쉽기 때문입니다. 또 "미래 모습(to-be)"을 개발할 때는, 「원래의 라인」을 너무 넘어 이야기가 수습되지 않는 일이 없도록 적절히 컨트롤하도록 합시다. 프로젝트로서 실효성 없는 꿈 이야기가 되지 않기 위해서 어디까지를 스코프(범위)로 보는 게 적절한지는, 클라이언트를 끌어들이기 전에 프로젝트 수행 측에서 미리 검토해야 하는 부분입니다.

예를 들어, 애완용품 e 커머스 사이트가 "미래 모습(to-be)"의 고객 여정을 생각할 때, 매장과의 사용이나 경쟁 웹사이트와의 관계를 말하는 것은 비교적 기정노선입니다만, 애완용품 뿐만 아니라 애완동물 자체도 취급할 필요가 있을지 모른다던가, 애완동물을 기른다는 것은 어떤 것이어야 한다던가, 애완동물에게 받는 위안을 다른 가치로 대체할 수 있다면 등과 같이 이야기를 너무 확대하면, 고객 여정맵의 문맥만으로는 논의가 불가능하게 됩니다.

다만 중장기적으로는, 보다 어그레시브하게 「원래의 라인」을 넘어가는 것을 목표로 해 주세요(우리도 그렇게 목표를 잡고 있습니다. 사용자 시선에서 아무도 말하지 않았던 「원래는」을 들고나오는 것이 본래의 UX 디자인이니까요!).

「클라이언트와 함께」하려면?

당신이 고생해 만든 고객 여정맵을 바탕으로, 그것을 잘 다듬어서 클라이언트의 참여를 촉진해 봅시다. 하지만 가끔 클라이언트에게서 사용자 조사도 하지 않은 채 고객 여정맵을 만들고 싶다(또는 이미 전에 다 만들어 놓았다던가…)는 이야기를 듣습니다. 이것은 반대로 고객 여정맵 뿐만 아니라 사용자 조사를 제안·실시해 볼 기회이기도 하므로, 기회를 잘 잡아 경험을 쌓아 나갑시다.

고객 여정맵 작성 현장에 클라이언트를 부르자

고객 여정맵은 다양한 조사 데이터를 워크숍에서 분석하면서 시각화하며, 여러 구성 요소를 한 장의 맵으로 표현합니다.

그렇기 때문에 처음 보는 사람에게는 정보량도 많고, 한번 보는 것만으로는 이해하기 어려울 겁니다. 또한, 워크숍에 참가하지 않았던 클라이언트에게는 완성물을 보여 줘도 "남의 일"처럼 느끼는 경우도 있습니다.

가능하다면 클라이언트 측의 담당자에게 워크숍 참가를 부탁드리거나, 워크숍 견학을 할 수 있게 해드려서 의견을 받는 등, 고객 여정을 생각하는 것을 "자신의 일"로 생각할 수 있게 합시다.

완성본 전에 가설 고객 여정맵을 공유하여 협력을 부탁하자

그렇다고는 해도, 프로젝트가 고객 여정맵이 주가 되어, 조사·개발·작성하여 클라이언트에게 납품해야 하는 경우, 클라이언트를 워크숍에 함께 참여시키는 케이스는 어려운 것이 현실입니다. 그러한 경우에는 완성본을 전달하기 전에, 우선 가설 단계의 「러프」한 고객 여정맵을 클라이언트와의 미팅에 가져갑시다.

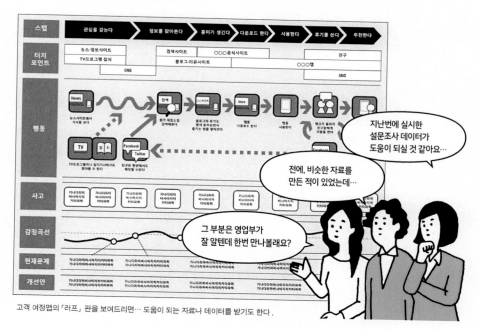

고객 여정맵의 「러프」 판을 보여드리면… 도움이 되는 자료나 데이터를 받기도 한다.

「일단 고객 여정을 러프하게 작성해 봤는데, 이런 느낌입니다. 이 고객 여정을 정밀 조사하기 위해 귀사의 서비스나 상품을 담당하시는 ㅇㅇ님이 아시는 팩트나 정량, 정성 조사 데이터가 있으면 받고 싶습니다」라고 말씀드리고 부탁을 하면 잘될 수 있을 겁니다.

클라이언트 측의 담당자는 자사의 앱이나 제품·서비스에 대해 누구보다도 생각을 많이 했을 것이고, 이미 가지고 있는 지견이나 데이터를 전달하는 것은 "본인 일"에 가까워질 겁니다. 또, 완성본이 아니기 때문에 의견을 말하기 쉽고, 클라이언트 측의 담당자 자신이 제공한 팩트가 고객 여정맵에 포함되면, 더욱 납득할 만한 자료로 느낄 것입니다.

　최종 아웃풋은 인포그래픽으로 정리하고, 다른 부서나 임원에게까지 공유할 수 있는 상태로 준비할 수 있다면, 다음 스텝으로 발전시킨다는 의미에서는 더욱 좋을 것입니다.

고객 여정맵의 "사례 소개"

서비스 설계나 앱/웹 제작, 디지털 마케팅의 실무 현장에서는, 고객 여정맵을 작성하는 프로젝트가 급증하고 있습니다. 그중에서 실제 사례 2개를 소개합니다.

【라이트급】고객 여정맵의 사례와 프로세스

〈 프로젝트 데이터 〉

기간	전가동	체제
1주일	2일(16시간)	디렉터 x 1명 디자이너 x 1명 (사내 인터뷰 x 2명)

〈 목적 〉

고객지원 웹사이트의 프로젝트로, 처음으로 고객 여정맵을 작성하는 클라이언트를 위해, 간이조사로 사용자 경험을 가시화한 사례를 만들고, 향후 어떤 조사를 구체적으로 해야 하는지 검토하기 위한 공감대를 만든다.

〈 프로세스 〉

〈 포인트 〉

많은 예산을 들일 수 없기 때문에, 우리 직원에게 고객지원 관련 웹사이트 이용 경험을 인터뷰해 정성 데이터를 모으게 하고, 사내 워크숍을 거쳐 고객 여정맵을 작성하였다.

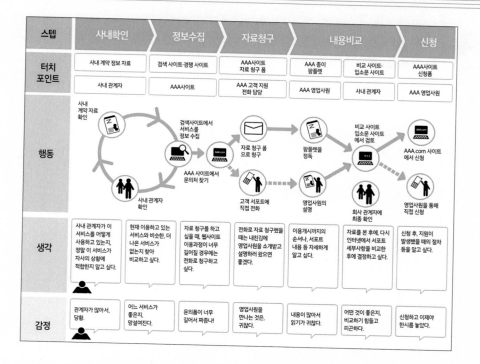

【헤비급】고객 여정맵의 사례와 프로세스

〈 프로젝트 데이터 〉

기간	전가동	체제
2개월	40일(320시간)	디렉터 x1명 크리에이티브 디렉터 x 1명 리서처 x 1명 HCD 전문가 x 1명 (조사 회사 통한 인터뷰 x 5명)

〈 목적 〉

사용자가 어떤 가전제품을 선정하고, 어떻게 브랜드 공식사이트를 이용하고 있는지 등, 가전 제품 선정에 대한 "현재 모습(as-is)"의 사용자 경험을 분명히 정의하고, 클라이언트의 제품 공식사이트가 갖추어야 할 모습을 그린다.

〈 프로세스 〉

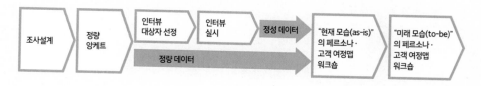

기존의 고객 여정맵을 커스터마이즈하여, 가전제품을 선택할 때에 중요한 부분인 「후보 브랜드 기종」이라는 레인을 새롭게 마련하고, 프로젝트의 테마에 부합하는, 보다 생생한 사용자 경험을 구체적으로 그리고 있다.

〈 포인트 〉

스텝	터치포인트	행동	생각	감정	후보 브랜드 기종
이용개시	자택 거실	스스로 설치한다	새로운 제품은, 역시 사용하기 편하다	새로운 제품도 많아지고 좋은 기분이다	
구입	할인점A	구입할 기종을 전해듣고 다시 설명을 듣는다	구입 예정인 기종을 다시 확인한다	생각보다 저렴했어! 득템!	
후보 선정	비교 사이트 A	구입 예정인 기종을 다시 알아본다	좋은 입소문이 역시 많구나	입소문을 듣고 안심했다	◎A사의 제품으로 좁힌다
후보 선정	가족	가족들과도 상담을 한다	가족들이 반대하지 않는다면 좋겠다	가족이 OK가 나와서 다행이다	◎A사 ○B사 구체적인 제품번호로 좁힌다
후보 선정	카탈로그	카탈로그를 자세히 본다	A사의 카탈로그도 알기 쉽다	A사 제품이 좋은 느낌	◎A사 OB사 으로 압축
후보 선정	할인점A 할인점B	어느 기종이 좋은지 점원에게 계속 물어본다	카탈로그는 읽다 가져가자	추천을 받아서만 아직 불안한데…	◎A사 OB사 ×C사 ×D사
후보 선정	동료A 동료B	동료는 어느 메이커인지, 성능, 기능 등을 물어본다	쓰는 사람의 의견은 매우 참고가 된다	A사, B사 것으로 결정을 할까…	
정보 수집	비교 사이트 A	예산의 기준이나 행량을 조사한다	이가격대의 제품이 좋은가	이 브랜드는 인지도가 최근에 산다면 뭘까 (아하)	◎A사 OB사 △C사×D사 (현재 사용하고 있음)
정보 수집	각 브랜드 별 사이트	각사의 특징이나 기능을 대충 살펴본다			
정보 수집		A사 사이트는 보기 쉽고, C사 사이트는 보기 힘들다			
정보 수집		새것을 알아보자			
계기	자택 거실	가전 ○○에 문제가 생기기 시작했으니, 새 제품을 미리 골라두어야 겠다			

7 장

> 페르소나가 직접 이야기하는 듯한 리얼리티를 갖는 것이 중요하다

공감 페르소나에 의한 사용자 모델링

여기까지의 작업으로, 이제야 비로소 사용자의 속마음이 보였다고 생각합니다. 이것은 지금까지 몰랐던 행동 패턴, 가치라고 느끼고 있는 포인트, 불만족의 구조가 글로 표현되어 사용자의 윤곽을 그리는 다양한 정성 데이터를 얻을 수 있는 상태입니다. 이번 장에서는, 그 사용자의 윤곽을 「구체적인 사용자 모델」로 선명하게 그려내고, 프로젝트 멤버들과 함께 공감하기 위한 방법으로써의 공감 페르소나 작성법을 소개합니다. 많은 인원수, 워크숍 실시 등이 전제되기 때문에 다소 상급자를 위한 것이긴 하지만, 한 번 실시해 보면 그 유효성을 금방 이해할 수 있을 것이므로 꼭 배우고 실천해 보세요.

7-1 프로젝트 멤버의 눈높이 맞추기

프로젝트를 수행하다 보면 「사용자 모델」이라는 말을 듣는 경우가 종종 있습니다. 「어떤 사람이 사용자인가?」라는 아주 중요한 키워드입니다만, 실제로는 나이나 성별을 말하고 있거나, 서비스의 이용 빈도를 말하고 있거나, 정해진 포맷이 없어서 우왕좌왕하는 경우가 꽤 많습니다. 이처럼 사용자 모델에 대한 인식의 차이는 프로젝트 수행에 있어서 치명적인 실수로 이어질 수 있습니다. 따라서, 프로젝트 멤버들 간의 눈높이를 맞추는 것이 무엇보다 중요하다고 할 수 있습니다.

◇ 사용자 모델링에서 번역 작업의 중요성

프로젝트를 진행하다 보면, 다양한 문서들이 만들어집니다. 요건정의에서부터 시작해 서서히 전문적인 지식과 기술의 레벨이 높아지고, 설계서나 사양서를 거쳐 최종적인 성과물(화면 디자인이나 프로그램 등)에 이르게 됩니다. 이런 개발 방식을 워터폴형 개발이라고 합니다.

이처럼 순차적으로 제품을 만드는 방식은 공정이 진행될 때마다 표현방법이나 말투, 분량이 점점 변해 갑니다. 그 이유는, 단계마다 관련 멤버가 바뀌기 때문인데, 이런 이유에서 그 멤버를 위한 최적의 표현 방법을 이용해, 꼭 필요한 수준 이상으로, 무엇을 만들어야 하는지를 확실하고 정확하게 전달하는 일이 필요하게 됩니다.

여기서는 「그 멤버를 위한 최적의 표현법」이 포인트입니다. 예를 들어, 디자이너와 엔지니어는 맡은 업무의 내용이 다르기 때문에, 그 차이를 무시해 버린다면, 「상대방이 이해하기 힘든 말로 전달해 버린다」라거나, 「전해지지 않았다」라는 커뮤니케이션의 실패가 일어나고, 이후의 결과를 보고 깜짝 놀라는 사고가 발생합니다. 경험상, 이 놀람의 원인은 상대가 아니라 전달하는 측의 실수인 것이 대부분입니다. 이것을 우리는 "번역오류"라 하고 있습니다.

그러니까, 실수 없이 상대방이 이해할 수 있는 말로 제대로 번역해서 전달하는 작업, 다시 말해서 「그 멤버를 위한 최적의 표현 방법」이 필요하게 됩니다. 이것은 큰 프로젝트뿐만 아니라, 여러 명이 실시하는 소규모의 개발 작업에 있어서도 마찬가지입니다. 이심전심이라는 보이지 않는 관계성에 치우치지 않고, 정중하게 번역하여 제대로 전달할 수 있는 방법을 확립해 나간다면, 이러한 사고를 막을 수 있습니다.

사용자 모델링이란 사용자 모델을 명확하게 다음 단계에 전달하는 번역작업과 다름없습니다.

◇ 사용자 모델만큼 전달되기 어려운 것은 없다

예를 들어 프로젝트의 시작 시기에 클라이언트로부터 리서치 데이터나 리포트 등이 제공되는 일이 있습니다. 방대한 조사 자료를 앞에 두고 「쓰여 있는 것은 이해하지만, 그럼 다음은 어떻게 해야 하지?」라고 느낀 적은 없나요? 혹은 사람마다 자료의 해석이 다르거나, 애초에 개개인의 해석의 여지가 너무 커서 「사람마다, 이렇게 파악하는 방식이 다르구나」라고 느낀 적은 없나요?

이것은 리서치 단계에서 요구정의·설계라는 다음 단계로 넘어가기 위한 적절한 번역이 이루어지지 않았기 때문에 일어나는 명백한 번역오류입니다. 구체적인 다음 액션으로 연결할 수 없는 것, 다음 액션을 헷갈리게 하는 자료는 프로젝트에서는 불필요하며 오히려 해가 될 수 있습니다.

그리고 5장에서 소개한 리서치나 분석의 성과는 원래 「어떤 것을 왜 만드는가?」라는 질문에 대한 해답이자, 중요한 성과임에도 불구하고 좀처럼 쉽게 전달되지 않는 경우가 많습니다. 즉, 다른 어떤 단계보다 번역 작업에 주력하여 번역오류 없이 전달하는 것이 매우 중요한 것입니다.

이 공정의 성과가 제대로 전달되지 않으면 공정이 진행될 때마다 사용자 모델이 흐릿해져 갑니다. 멤버에 따라 보고 있는 사용자의 모습이 달라지거나, 제멋대로 해석하여 사용자에 대한 잘못된 공감을 가지게 되거나, 원래 알고 있는 사용자를 신경 쓰고 있을 뿐이거나, 그러한 점들 때문에 방향성의 흔들림이 생깁니다. 이 인식의 차이는 공정이 진행될수록 커지고 방향을 수정하는 것이 점점 어려워집니다.

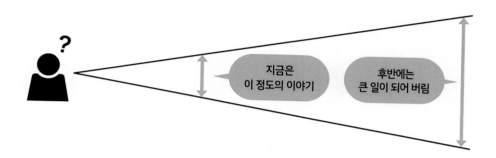

◇ 최소한의 수고로 확실히 전달되는 「공감 페르소나」

사용자 모델링이란, 말 그대로 사용자 모델을 「조립하다＝모델링」하는 작업입니다. 조립이 끝난 시점에서 사용자라는 모형의 완성품을 볼 수 있게 되고, 그 결과인 사용자 모델을 확실히 공유할 수 있게 하는 것이, 이번 장에서의 목표입니다.

세상에는 다양한 모델링 기법이 존재하고 있습니다만, 이 책에서는 소~중급 규모의 제품·서비스 설계 프로젝트에 간단히 적용할 수 있고, 가장 효과적인 방법인, 「공감 페르소나 만들기」에 대해 소개하겠습니다.

MEMO

이전 장에서 이미 「페르소나」를 소개하였습니다. 이번 장과의 차이를 말씀드리자면, 여태까지의 페르소나는 「간이 페르소나 (Pragmatic Persona)」라고 해서, 조사나 분석에 근거하지 않은 가상의 인물임에 반해, 이번 장에서 소개하는 「공감 페르소나」는 실제 데이터를 이용한 생생한 사용자 모델이라는 점입니다. 간이 페르소나는 수정과 개선을 여러 번 하는 것을 전제로 하고 있어서, 애자일 (Agile) 개발 등에 이용되는 경우가 많습니다만, 이번 장의 공감 페르소나는 오랫동안 이용되는 것을 전제로, 치밀하게 만들어지는 것이 큰 차이입니다. 실제 프로젝트의 규모나 목적·단계에 따라, 그때그때 구분하여 사용할 수 있는데, 어떤 프로젝트를 실시하더라도, 페르소나 개발이 매우 중요한 부분을 차지합니다.

왜「페르소나」라는 형태로 사용자 모델을 밝혀야 하는지, 새로운 서비스나 제품, 웹사이트, 앱을 만들거나 마케팅 시장조사를 하는 데 있어서 정말로 필요한 정보는 무엇인지 등을 생각하면서, 새로운 표현 방법인「공감 페르소나」를 만드는 법을 배워 주셨으면 합니다.

◇ 공감할 수 있는 상대로서의 「페르소나」를 만들다

페르소나를 만드는 목적은 다음의 2가지입니다.

▶ 사용자가 지금, 무엇을 하고 있는지를 파악한다 = 현재를 그리다
▶ 사용자가 앞으로, 어떻게 변해 가는지를 파악한다 = 미래를 그리다

이 2가지를, 프로젝트 멤버 전원이 함께 생각하고 이해할 수 있는 상태로 만드는 것이야말로 페르소나 만들기의 목적입니다. 어디에 있는지도 모르는 가상의 사용자를 구상하는 것이 목적이 아니라, 함께 대화를 할 수 있는 대상으로, 살아있는 인간으로서의 페르소나를 구상할 필요가 있습니다.

그리고, 단순히 템플릿에 무언가를 바로 기입해 채우는 식의 작업으로는, 페르소나를 구상하기 어렵습니다. 지금까지의 조사나 분석 작업을 통해서, 우리가 생각지도 못한 욕구를 사용자가 가지고 있고, 행동한다는 것을 파악했다면, 그 다음은 이 데이터에「공감」을 더하는 일이 중요합니다.

따라서, 이 책에서는 일반적으로 소개되는 페르소나 작성법과는 조금은 다른, 게임스토밍의 방법으로도 잘 알려진 공감도(Empathy-map)를 베이스로 한 공감 페르소나 작성법을 소개합니다.

게임스토밍이란 게임의 구조, 방법, 효과를 응용해 그룹워크나 워크숍을 보다 효율적이고 효과적으로 만들자는 생각입니다. 예를 들어, 아이디어를 내고 싶거나, 복잡한 문제를 해결하기 위한 실마리를 찾고 싶다면, 그러한 목적을 단시간에 실시할 수 있는 방법=게임이 많이 생각되고 있으며, 이것들을 정리한 책도 출판되고 있습니다. 이 책(아래)에는 워크숍 설계나 퍼실리테이션 전문가가 없는 현장에서도 효과를 얻을 수 있는 유용한 방법들이 소개되고 있으므로, 흥미가 있는 분은 꼭 한번 읽어보시기 바랍니다.

게임스토밍. 잠자는 조직의 창의성을 깨우는 87가지 회의 전략
지음: 데이브 그레이, 서니 브라운, 제임스 메카누포
옮김: 정진호, 강유선
출판사: 한빛미디어(2016년)
ISBN: 978-8968482953

"공감도(Empathy-Map)"는 XPLANE의 스콧 매튜즈가 고안했습니다.

◇ 공감도(Empathy-map)에 실제 조사·분석 데이터를 더한다

먼저 공감도(Empathy-map)에 대해 소개하겠습니다. 먼저 아래와 같은 템플릿(http://greenberry.kr/ux-design-template 에서 다운로드가 가능합니다)을 이용해, 복수 인원의 워크숍에서, 사용자의 내면을 탐색해 보고, 공감을 얻는 그룹워크 방법입니다.

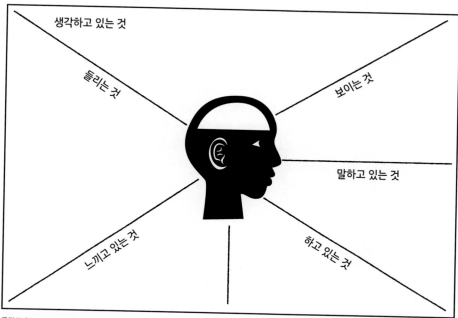

공감도(Empathy-map)의 기본적인 템플릿

공감도(Empathy-map)에서는 아래와 같이 영역을 구분합니다.

▶ 보이는 것(SEEING)
▶ 말하고 있는 것(SAYING)
▶ 하고 있는 것(DOING)
▶ 느끼고 있는 것(FEELING)
▶ 들리는 것(HEARING)
▶ 생각하고 있는 것(THINKING)

본래의 공감도(Empathy-map)에서는 브레인스토밍과 같이, 「참가자가 생각해낸 것」을 포스트잇에 써서 위의 영역에 점점 붙여 가지만, 공감 페르소나에서는 공감도(Empathy-map)의 템플릿을 사용하면서, 그 위에 「실제 조사·분석 결과 데이터」를 붙여 나갑니다.

실제 프로젝트에서 작성된 공감 페르소나를 소개하며 설명하겠습니다. 서술·작성 시 유의해야 하는 것은 아래의 3가지입니다.

실제 조사 데이터나 분석 데이터에 기초하고 있는가?

원래의 공감도(Empathy-map)는 워크숍 형식으로, 참가자의 경험 등에 상상을 섞어서 작성하기도 합니다만, 이 경우에는 지금까지의 조사·분석 결과를 충분히 넣으면서 생생한 사용자의 모습이나 행동을 부각시켜 나갑니다. 도중에 좀처럼 채우기 어려운 영역이 있다면 「더 조사해야 할 부분이 발견되었다」는 긍정적인 깨달음을 얻기도 합니다. 어디까지나 조사에 근거한 실제 정성 데이터를 이용하는 것에 집중해 봅시다.

문장량이 풍부하고 사용자의 행동 배경이나 심리가 서술되어 있는가?

4장에서 소개한 구조화 시나리오법을 통해서, 사용자의 가치와 행동, 조작이라는 구체적 시나리오를 문장으로 개발하였습니다. 그런 구조화 시나리오 작업을 할 때도, 지금부터 작성할 페르소나가 항상 생각을 되돌릴 근거로 이용되게 됩니다. 그러니, 요약하거나 생략하지 말고 있는 그대로 표현합시다.

프로젝트의 목적이나 조사 테마와의 연관성이 명백한가?

말할 필요도 없지만, 프로젝트의 목적에 맞는 서술이어야 합니다. 프로젝트의 향후 작업에 있어서 별로 필요 없는 글쓰기, 예를 들어, 「취미는 자전거로 매주 100km 달리고 훈련하는」 것과 같은 표면적인 사실을 쓴다 해도 설계에는 별로 도움이 되지 않습니다. 예를 들어, 「매주 100km 달리기 같은 트레이닝을 거르지 않는 성실함이 이 사용자의 행동의 근거다」라고, 사실의 배경과 이유까지 파고들어서 서술이 된다면 이 페르소나가 앞으로 어떤 상황에 처했을 때, 어떤 반응과 행동을 할까(혹은 안 되나)를 예상하는 판단 기준이 됩니다.

◇ 공감 페르소나를 만드는 법

이제 드디어 페르소나를 그림으로 나타냅니다.

우선은 6장까지 분석된 조사 데이터를, 이 공감 페르소나 템플릿에 덧붙이겠습니다. 데이터는 포스트잇에 써서 공감 페르소나의 6가지 영역에 맞게 분류하면서 계속 붙여 나갑니다. 사실에 근거한 데이터이므로, 「생각하고 있는 것」 이외의 부분에 많이 붙여질 겁니다.

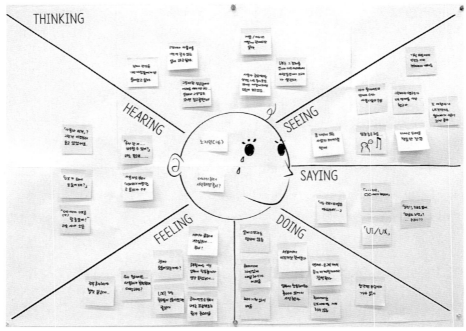

이 책의 예상 독자 노지민 씨의 공감 페르소나

그리고, 서서히 「생각하고 있는 것」의 영역으로 나아갑시다. 사용자가 마음속으로 생각하고 있는 것, 특히 행동에 영향을 주는 것을 추가합니다. 이 과정은 단순히 추가해서 채우는 과정이 아니라 시간을 들여서 깊게 파고들어야 하는 과정이기 때문에, 워크숍을 통한 「모두 함께 생각해 보기」가 특히 중요한 의미를 갖게 됩니다.

어쩌면, 정성 데이터에는 없는, 우리의 상상에서 만들어낸 말을 쓰고 싶게 될지도 모르지만, 사실 여기서는 그것도 이 작업의 중요한 성과 중 하나입니다. 포스트잇의 색상을 바꿔서 「이것은 우리의 추측이다」라는 것을 알 수 있도록 하면, 조사 데이터와 섞일 문제가 없고, 그것이 사실인지를 확인하기 위해서 추가 조사를 하는 것도 좋을 것입니다.

◇ 페르소나의 미래를 예상할 수 있으면 더욱 재미있다!

미래 예상이라고 하면 거창한 이야기처럼 들리지만, 시간의 흐름에 따라 페르소나 작성을 지속하면 이 작업이 매우 재미있어집니다. 예를 들어, 개발된 페르소나는 이어지는 프로젝트에도 계속 활용할 수 있을 것이고, 개발한 서비스 혹은 제품이 실제 공개·운영된 뒤에는 당연히 「실제로 무슨 일이 일어났는가?」도 알 수 있습니다. 이런 경우, 사용자에게 어떤 해결책이 어떻게 도움이 되었는지, 상정한 효과로 사용자의 행동이 어떻게 변했는지 등을 파악하는 것이 가능해집니다.

공감 페르소나는 프로젝트가 계속되는 한, 수정과 개선을 더해 가기 때문에, 조금 전의 예도 아래 그림과 같이 점점 변할 수 있습니다. 이렇게 실제로 일어난 일을 추가 조사로 밝혀내고, 페르소나의 이미지를 보다 구체적으로 부풀립니다.

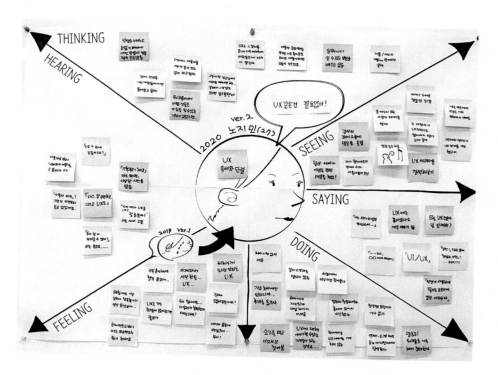

이러한 「시간 축을 가진 페르소나」를 설계하고, 제대로 클라이언트에게 설명할 수 있다면 서비스, 제품 개발 작업뿐만 아니라, 지속적인 운영에 대한 일도 제안받을 수 있게 됩니다(이 부분은 에이전시의 비즈니스에 있어서도 매우 중요한 포인트가 됩니다).

7-3 | 최종 단계: 사용자들이 공감할 수 있는가?

최종적으로 「우리가 마주 보는 사용자는 이런 사람이구나」라는 공통의 인식·사용자에 대한 공감대가 이제까지의 작업을 통해 프로젝트 멤버들에게 잘 전달되었다면, 그리고 그 인식과 공감대가 바탕이 되어 구체적인 설계의 근거로 삼을 수 있었다면, 이미 페르소나 만들기의 목적은 달성했다고 할 수 있습니다.

페르소나를 처음부터 완벽하게 만들 필요는 없습니다. 오히려, 조금 부족해 보이는 페르소나로 인해, 더활발하게 사용자에 대해 논의할 수 있을지도 모릅니다. 성장하는 페르소나, 즉 언제까지나 완성되지 않는 페르소나와 함께한다면, 이 작업은 매우 재미있을 겁니다. 지속해서 프로젝트에 적용해 보고, 그 효과를 느끼길 바랍니다.

COLUMN 「하길 잘했나?」라고 돌아보기

지금까지 소개한 내용은 작업에 부담이 큰 것들 뿐이었기 때문에, 모종의 성취감이 생길지도 모릅니다. 하지만 클라이언트 측 스텝이나 프로젝트에 참여한 팀원들을 모두 단순히 「계속 일만 하기」의 상태로 이어지는 건 비생산적인 일이기 때문에, 「UX 디자인 방법으로 조사·분석·가시화를 실시한 메리트」나 「이것을 하지 않았다면 어떻게 되었을까?」를 생각해, 클라이언트측 담당자, 개발팀 또는 시간이 허락되는 프로젝트 참여인력과 우리 팀원들에게 전달하고, 함께 생각해 보는 시간을 갖는다면 좋을 겁니다. 프로젝트의 전 (Before) / 후 (After)를 확실히 하는 작업입니다.

구체적으로는 아래와 같은 내용에 대해 되돌아보면 좋을 것입니다.

- 사용자의 목표·느끼고 있는 가치는 무엇이었을까?
  사용자는 무엇을 달성하고 싶었는지 사용자의 말을 통해 이해할 수 있었는가?
- 사용자가 느끼는 불만족이나 불쾌감은 무엇이었을까?
  사용자들이 무엇을 못해서 짜증내는지를 이해할 수 있었는가?
- 앞으로 만들려는 앱/웹/제품/서비스가 제공해야 할 역할은 어떤 것이었을까?
  위의 목표를 달성하는 것, 혹은 불만족을 해소하기 위해 이 앱/웹/제품/서비스는 어떤 역할을
  제공해야 하는지를 파악할 수 있었는가?
- 사용자에게 있어서 제약사항은 무엇이었을까?
  사용자가 놓여져 있는 환경이나 물건 등에 의한 제약사항은 무엇인가를 파악할 수 있었는가?

물론 다 OK라고 대답하기란 쉽지가 않습니다. 그래도, 본장에서 다룬 각 과정에 있어서의 작업의 성과물과 확실히 연관되어 있는지, 그 성과물이 제대로 프로젝트에서 이용되어 효과를 거두고 있는지 아닌지를 되돌아보면, 다음 프로젝트에서는 더 능숙하고 편하게 할 수 있을 것이라고 생각합니다.

그리고 마지막으로, 이것들을 실시함으로써 종래의 제작/기획 작업과 무엇이 바뀌었는지를, 참여한 인원들과 함께 이야기해 보는 것도 좋을 겁니다. 궁극적인 목표는, 「지금까지는 사용자를 제대로 알지 못했다」라고 한 코멘트를 얻을 수 있는 것, 즉 사용자 부재형 디자인에 대한 깨달음과 반성을 얻을 수 있는 것입니다.

「이전보다 확실히 사용자가 잘 보이게 되었다」라는 실감이 멤버들에게 어느 정도 있는지를 항상 의식하면서 작업에 임해 봅시다.

8장

UX 디자인을 조직에 도입

지금까지 소개해 온 다양한 UX 디자인의 방법들을 개인적으로 혹은 프로젝트의 멤버로서 시도해 보고, 더 나아가 실제 자신들의 회사에 도입하고 싶다는 생각이 들었다면, 이제는 당신의 상사나 관계자들의 동의와 협력을 얻기 위해, 사내에서 지속적이면서 광범위한 활동이 필요하게 됩니다. 이 장에서는 그러한 UX 디자인의 도입활동에 대해 도움이 된다고 생각하는 몇 가지 활동·도구를 준비했습니다.

8-1 | UX 디자인에 대한 조직적인 대응

UX 디자인에 대한 조직적인 대처나 도입을 고려할 때는, 지금까지 다뤄 온 방법 이외에 어떤 것이 필요하게 되며, 그것들을 어떻게 진행해야 하는지에 대해 설명하겠습니다.

◇ UX 디자인 도입활동

「우선 스스로 해 본다」는 부분까지는 지금까지의 장에서 다뤄온 방법으로, 당신이나 당신의 동료와 함께 이해·실천할 수 있으면 되지만, 거기서 더 나아가 UX 디자인을 사내로 확장하려 하는 경우에는 UX 디자인의 방법에 대한 이해·실천 이외에도 관심을 가져야 할 요소가 있습니다. 그래서 UX 디자인을 사내에 도입하고자 할 때 필요하다고 생각되는 4가지 요소를 정리해 보았습니다.

UX 디자인의 도입활동에 필요한 4가지

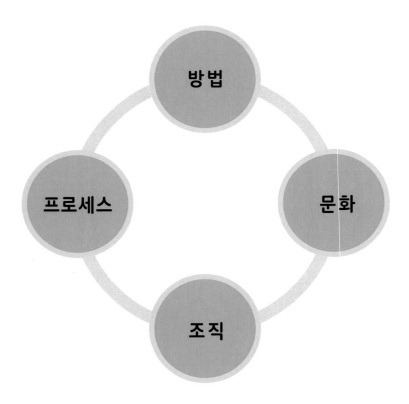

방법

- UX 디자인팀*에 의한 방법 제공·실시
- UX 디자인팀이 사내에 제공 가능한 방법의 명시

문화

- 도입의 목적·가치·배경의 이해·공유
- UX 디자인의 유효 범위에 대한 이해·공유

조직

- 활동을 담당하는 UX 디자인팀 편성
- 활동을 계속하기 위한 육성·평가·채용 시스템 마련

프로세스

- 지금까지의 일(업무 프로세스)과 통합
- 실제 업무에서 지속적으로 실시

* 여기서는 UX 디자인을 담당하는 사람이나 조직을 말한다. UX 디자인 전담자나 전담팀을 운영을 하거나,
업무나 프로젝트 안에서 역할로써 UX 디자인을 운영하거나, 모두 포함될 수 있습니다.

　어디까지나 이 개념은 UX 디자인의 조직적인 도입을 위한 이상적인 모습일 뿐이고, 실제로 도입활동을 실시할 경우에는 이것들 중에서 어느 부분부터 착수할지, 어느 부분에 주력해야 할지는 회사마다 다릅니다. 이후의 페이지에서는 당신이 자신의 회사에 도입활동을 할 때, 고려할 수 있는 구체적인 진행 방법에 대해 설명하겠습니다.

◇ 도입활동 진행방식

    UX 디자인의 도입활동을 시작하는 데 있어서 애초에 어떻게 시작하고, 어떻게 진행해야 할지 당황스러울 것이고, 주위에는 UX 디자인의 도입보다도 다른 것을 우선시해야 한다고 생각하는 사람도 당연히 있을 것입니다. 혹은 과거에 사내에 소개해 봤지만, 정착되지 않거나 반대 여론으로 잘 안 된 분도 있을 수 있습니다. 도입활동에 대한 궁금증이나 당혹감 등 직면하는 문제들을 해결하기 위해서 다음의 3가지를 준비했습니다.

① UX 디자인 스테이지

    UX 디자인 도입활동에 대한 조직의 상태를 5단계(스테이지)로 나누고 있습니다. 도입활동 중 스테이지별로 어떤 상태를 목표로 해나갈지를 생각하기 위해 사용합니다.

② 스테이크홀더 맵

    도입활동에 직간접적으로 관련된 관계자를 4가지 유형으로 나누고 있습니다. 도입활동에 대한 관계자들의 스탠스 및 그 배경을 정리·파악하기 위해 사용합니다.

③ UX 디자인 도입 시나리오

    도입활동의 미션·목표·강점을 설정해, 관계자의 동의나 협력의 성립, 설득이나 교섭에 필요한 액션의 계획을 세웁니다. 어디서부터 어떻게 도입을 추진해 나갈지를 구체적으로 검토하기 위해 사용합니다.

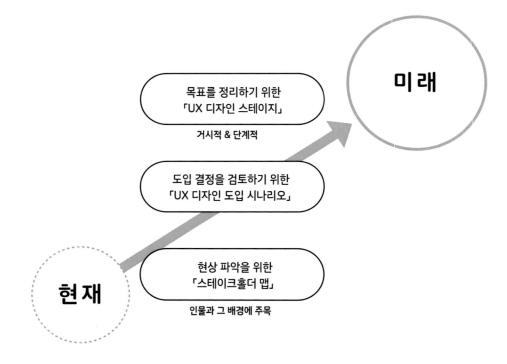

이들 3가지의 개념·툴은 다음과 같이 이용합니다.

1. **UX 디자인 스테이지별 목표를 명확히 한다**

2. **스테이크홀더 맵을 구성하고**
   관계자의 유형과 배경을 정리·파악한다

3. **UX 디자인 도입 시나리오를 개발하고**
   구체적인 액션플랜을 세운다

4. **활동에서 얻어진 피드백을 바탕으로**
   2와 3을 업데이트한다

이후, 반복

이후의 페이지에서 이들 3가지에 대해서 하나씩 차례로 설명합니다.

> **MEMO**
>
> 이러한 개념·툴은, 우리가 지금까지의 경험으로부터 정리·작성한 것이며, 그 유용성에 관해서 학문적인 연구나 검증을 거친 것은 아닙니다. 또 이 책의 대상 독자인 컨설팅, 디자인, 에이전시 등의 회사에서 일을 하고 있는 현장의 디렉터나 디자이너, 엔지니어 등 실무자들에 의한 보텀업(Bottom-Up) 방식으로 UX 디자인을 도입해 나가는 것을 상정한 것입니다(다만 자사에서 개발이나 사업 운영을 실시하고 있는 회사의 사람이나, 회사 경영의 입장에서 도입활동을 검토하시는 분이라도 약간의 수정을 하면 적용할 수 있다고 생각합니다).

8-2 | UX 디자인 스테이지

UX 디자인 도입활동에 대한 회사의 상태를 5단계(스테이지)로 나누어 정리한 것이 「UX 디자인 스테이지」입니다. 도입활동에 의한 어떤 상태를 목표로 해나갈지를 생각하기 위해 사용합니다.

◇ 5단계(스테이지)

「UX 디자인 스테이지」에서는 UX 디자인 도입에 대한 회사의 상태를 초기 활동의 제1단계부터, 통합적으로 운영을 하는 제5단계까지의 다섯 단계(스테이지)로 나누고 있습니다. 자신들이 현재 어떤 상태에서 다음 목표로 어떤 상태를 지향하는지를 생각하는 기준으로 삼습니다.

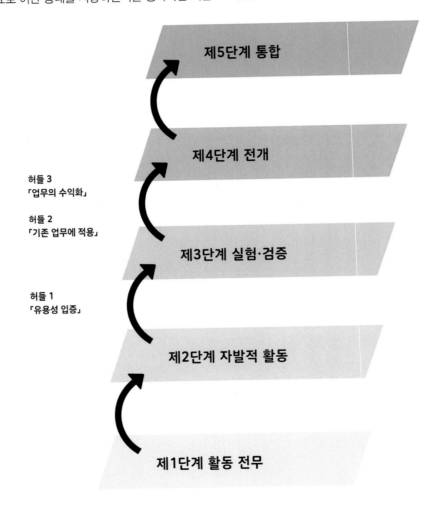

* 「유저빌리티 엔지니어링(제2판): 사용자 경험을 위한 조사, 설계, 평가방법」(타루모토 테츠야 저, 2014)의 Chapter 12, 「UCD를 시작하는 법」에 기재되어 있습니다.

제1단계 | 활동 전무

UX 디자인에 대한 관심이나 기대가 개인 또는 동료 사이에서 생겨난 상태. 개인 레벨에서의 관심으로 인해 정보 수집이나 공부 등은 하고 있지만, 어디까지나 개인 레벨이며 조직적인 측면에서의 활동은 전무한 단계입니다.

제2단계 | 자발적 활동

자사에 UX 디자인을 도입하는 것에 대한 사내 합의가 아직 없는 이 단계에서의 활동은, 정식 조직이나 팀이 아닌, (업무 외의 시간 등을 이용한) 유기적으로 모인 멤버에 의한, 스터디 그룹 등의 비공인 활동의 형태로 UX 디자인 도입에 임하고 있는 단계입니다.

제3단계 | 실험·검증

UX 디자인이 자사에 있어서 임해야 할 가치가 있는지를 판단하기 위해서, 파일럿 프로젝트 등에서 실험적·검증적으로 UX 디자인에 대한 활동이 개시되고 있는 단계입니다.

제4단계 | 전개

UX 디자인을 자사의 새로운 프로세스·스킬로 가져가기 위해서, 도입활동 전개를 지금까지 담당해 온 멤버뿐만 아니라 회사 경영진 측에서 조직에도 도입, 자사의 중요 테마로서 취급하는 단계입니다.

제5단계 | 통합

UX 디자인을 기존의 업무와 통합하기 위해 조직·제도의 양면이 정비된 상태. UX 디자인이 자사의 표준적인 업무 프로세스나 성과물로 취급되는 단계입니다.

> **MEMO**
>
> 자사의 핵심 테마로서 회사 경영 부문이 UX 디자인의 조직적 도입에 관여하게 되는 제4단계 이후는, 조직면(UX에 관한 부서, 직무, 직책 등)이나 인사면(UX 관련 인재 평가, 육성, 채용 등)의 개편·정비라고 하는 톱다운(Top-Down) 방식의 활동 형태가 더해집니다. 그러면 「소수의 조직에서의 보텀업(Bottom-Up) 방식의 도입활동」을 우선으로 상정한 본 책의 내용에서 벗어나기 때문에, 제4단계 이후는 「UX 디자인 스테이지」의 방향성 제시로 의의를 두고, 본 페이지 이후부터는 제3단계까지의 내용만을 가지고 설명하겠습니다.

◇ 3개의 허들

에이전시 업무에서 서비스나 제품, 웹의 제작·개발에 종사하는 현장의 보텀업(Bottom-Up) 방식의 UX 디자인 도입을 단계적으로 추진하면서 직면하게 되는, 「UX 디자인 스테이지」의 단계 사이에 있는 3개의 허들에 대해 언급하겠습니다. 후술하는 「UX 디자인 도입 시나리오」를 작성할 때 참고하세요.

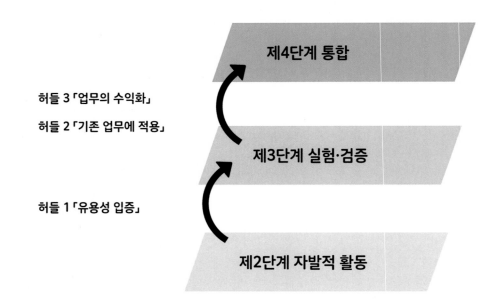

허들 1 | 유용성 입증

도입활동에 있어서 아마 처음에 부딪히게 될 벽은 「UX 디자인이 도움이 되나요?」라는 질문에 대답하는 겁니다(제2단계에서 제3단계로 넘어가기 위한 허들).

그러기 위해서는 UX 디자인을 도입함으로써 「지금까지 고민이었던 것을 해결할 수 있었다」, 「예전부터 하고 싶었던 일을 실현할 수 있었다」라는 것들이 전해질 수 있는 성공사례를, 작은 규모의 것이라도, 부분적인 도입에 의해 이뤄진 것이라도, 가능한 한 조기에 만들어내는 것이 필요합니다. 그러지 않으면 자신이나 멤버들의 사기는 낮아지고, 사내에서 중단의 압력이 들어와 흐지부지될 수 있습니다.

그러므로 성공사례를 쌓으면서 UX 디자인의 유용성을 입증하는 것이 필요합니다.

허들 1을 넘기 위한 포인트

▶ 「UX 디자인이 도움이 되나요?」라는 주위의 목소리에 대해 성공사례를 제시하여 유용성을 입증한다.

▶ 그 사례를 통해 사내 인지 활동을 실시하고, UX 디자인의 유용성을 알기 쉽게 설명·주장한다.

성공 경험과 대표 사례

허들 1 : 유용성 입증

허들 2 | 기존 업무에 적용

UX 디자인의 도입활동에 대해서, 사내 외의 일부에서는 「스케줄 및 예산의 압박」, 「업무방해」로 받아들이는 경우도 있을 겁니다 (제3단계에서 제4단계로 넘어가기 위한 허들).

그러한 목소리에 대해서는 스케줄이나 프로세스를 가능하면 변경하지 않고, 또한 예산도 들이지 않고, UX 디자인을 시험할 수 있도록 하여, 변화에 대한 저항의 벽을 넘는 것이 필요합니다.

우선은 사용성 평가를 부분적으로 도입하거나, 와이어프레임의 작성과 페이퍼 프로토타입에 의한 검증을 병행해서 실시할 수 있게 하거나, 아는 사람과 퇴근길에 카페에서 인터뷰를 하고 그 결과를 팀 멤버에게 구두로 전달하거나, 자사에서 실시 가능한 방법을 찾아보세요.

허들 2를 넘기 위한 포인트

▶ 스케줄이나 프로세스를 가급적 변경하지 않고 UX 디자인을 시도할 수 있도록 한다.
▶ 자원(사람·물건·자금)을 되도록 들이지 않고 UX 디자인을 시험할 수 있도록 한다.

최소한의 변경과 최소한의 자원

허들 2 : 기존 업무에 적용

허들 3 | 업무의 수익화

컨설팅/디자인/에이전시 회사에서 이런 업무의 도입에 있어서 가장 큰 장벽이 될 것 같은 것이 「UX 디자인으로 일을 수주할 수 있나?」라는 질문에 답하는 것입니다(제3단계에서 제4단계로 넘어가기 위한 허들).

그러기 위해서는 UX 디자인이 클라이언트로부터 「정식적인 일」로서 수주할 수 있음을 보여 주고, 수익화의 벽을 넘는 것이 필요합니다. UX 디자인적인 접근이 효과적이고 필요한 프로젝트인지, 아닌지를 확실히 살펴본 후에, 클라이언트가 지금까지의 문제 해결 방식에 대해 한계를 느끼거나, 새로운 접근 방식을 모색하고 있는 것 같으면 UX 디자인적 접근법을 제안합시다.

자사의 대표적 성과나 유사 사례, 에피소드가 아직 없는 경우에는, 실제로 다른 프로젝트에서 이용한 프로토타입, 사용성 평가를 했을 때의 비디오, 필드워크를 실시했을 때의 사진이나 메모, 조사 결과를 분석했을 때의 포스트잇 등, 가능하면 리얼하고 구체적인 샘플을 준비해, 클라이언트의 문제 해결이나 기회 탐색에 대해 UX 디자인적 접근법이 지금까지의 방식 이상으로 효과가 있다는 것이 전해지도록 합시다.

허들 3을 넘기 위한 포인트

▶ 지금까지의 접근법에 한계를 느끼고 있거나, 새로운 접근법을 모색하고 있는 클라이언트에게 제안한다.

▶ 알기 쉬운 성과나 사례가 아직 없는 경우는 타 프로젝트의 중간 성과물을 사용해 UX 디자인의 프로세스와 방법이 효과적이라는 것을 구체적으로 나타낸다.

클라이언트 상황 인식

허들 3 : 업무의 수익화

UX 디자인은 제안 단계에서 결과의 예측이나 비용 대비 효과를 나타내는 것이 어렵기 때문에, 클라이언트는 아무래도 「프로세스와 방법은 구체적으로 제시되지만, 기대효과는 실시 후가 아니면 알 수 없다(구체적인 것을 볼 수 없다는 의미로)」고 생각하고 있음을 염두에 두는 것이 좋을 것입니다.

프로젝트 실적이 거의 없는 단계에서 UX 디자인 부분을 무상이나 가격 인하를 조건으로 클라이언트의 합의하에 파일럿 프로젝트로서 실시해, 실적 만들기나 검증을 실시하는 것 자체는 매우 효과적인 활동이기는 하지만, 언제까지나 무상이나 싼 가격에 머물러 있으면, 클라이언트가 공짜(단지 득을 본다고 생각해서)라서 하는 건지, 진짜 해볼 가치가 있어서 하는 건지 판단할 수도 없게 되고, 결국 이러한 도입활동에 대해 사내에서 더 이상의 지원을 못 받게 되므로 주의하시기 바랍니다.

8-3 | 스테이크홀더 맵

「스테이크홀더 맵」은 「UX 디자인 스테이지」와는 달리, 빈칸을 채워나가며 현 상황을 정리·파악할 수 있게 도와주는 시트입니다. 먼저 시트 내 요소에 대해 설명하고, 이어서 사용법과 작성 사례를 소개하겠습니다.

◇ 스테이크홀더 맵을 사용하여 정리·파악할 수 있는 것

▶ 어떤 유형의 관계자가 어느 정도 있는가?
▶ 관계자의 유형별 배경이나 이유는 무엇인가?
▶ 도입활동에 부족한 관계자, 필요한 관계자는 누구인가?
▶ 관계자와 협상할 때의 포인트는 무엇인가?
▶ 관계자의 타입이 바뀌려면 무엇이 열쇠가 되는가?

◇ 4가지 타입의 관계자

「스테이크홀더 맵」에서는, 도입활동에 직간접적으로 관련된 멤버를 4가지 타입으로 나누어 정리·파악하고 있습니다.

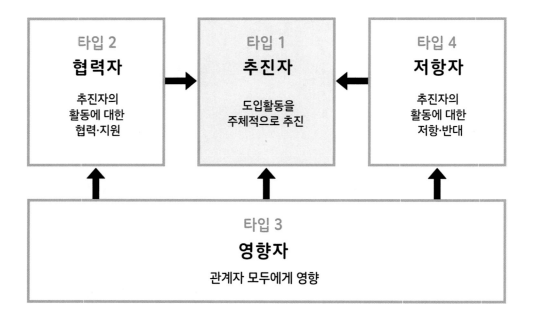

타입 1 | 추진자

당신과 함께 도입활동을 주체적으로 진행해 나갈 멤버 및 그 후보입니다.

타입 2 | 협력자

추진자처럼 당신과 함께 주체적으로 도입활동에 직접적으로 관여하는 일은 없지만, 추진자의 활동에 대해 일정한 이해를 나타내고 지원이나 협력을 해 주는 멤버 및 그 후보입니다.

타입 3 | 영향자

도입활동과는 무관하나, 사내에서 정보 발신력이나 전파력이 강하고 「목소리가 큰」 멤버, 이 사람이 흥미를 갖는 것에 사내의 많은 사람들이 주목하는 멤버 및 그 후보입니다.

타입 4 | 저항자

도입활동에 대해서, 저항을 나타내는 입장을 취하는 멤버 및 그 후보입니다.

◇ 배경·외부 환경

관계자의 배경에 대해서도 타입별로 정리·파악합니다. 관계자의 역할과 목표, 페인(Pain)*¹/게인(Gain)*²은 배경에 의해서 창출되거나 영향을 받기도 하므로, 그것들이 어떤 것인지에 대해서도 정리하겠습니다.

또한, 도입활동에 관해서 관계자 전원에게 영향을 줄 수 있는 요소(시장/경쟁사/정치/경제/사회/기술 동향 등)가 있으면, 그것들도 외부 환경으로서 정리해 둡니다.

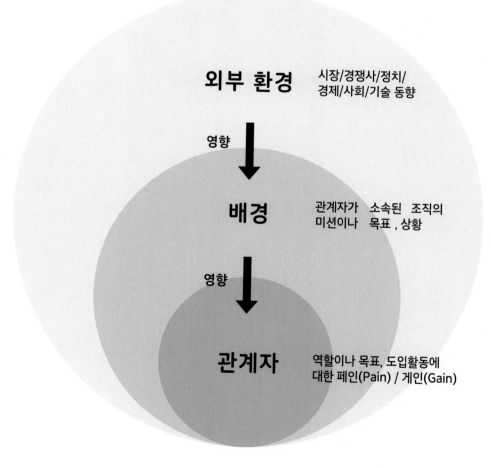

*1: 고생과 고민 , 싫어하는 것 , 피하고 싶은 것   *2: 보수나 동기 , 기쁜 일 , 얻고 싶은 것

◇ 스테이크홀더 맵을 기입하는 방법

1. 4가지 타입의 각 박스에 관계자(후보를 포함)의 이름을 씁니다.
2. 각각의 역할과 목표 도입활동에 대한 페인(Pain)/게인(Gain)을 본인이나 주위 사람에게 물어서 이름 옆에 적습니다.
3. 그 아래 있는 배경의 박스에 관계자가 소속된 조직의 미션이나 목표, 상황을 씁니다.
4. 가장 바깥쪽에 있는 외부 환경의 빈 공간에는 조금 넓은 관점에서 바라보고, 도입활동에도 영향을 줄 수 있는 요소가 있으면 적어 놓습니다.

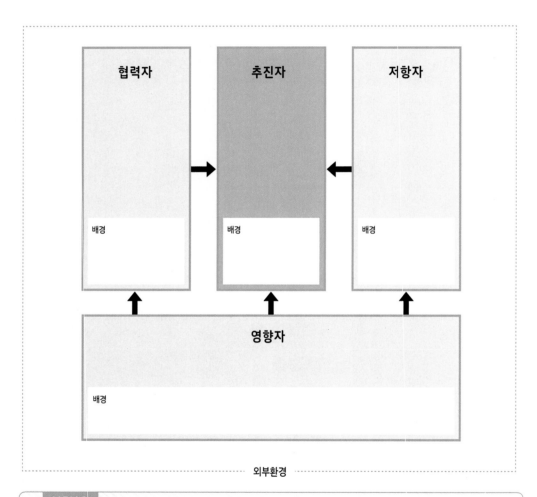

MEMO

비고 :
▶ 혼자서 하기보다는, 되도록 여러 명이 대화하면서 작성하는 것이 좋습니다.
▶ 본인이나 주변인이 정보를 얻을 수 없는 경우, 현시점에서의 가설을 고려해서 씁니다.
▶ 관계자의 표면적인 입장이나 직함이 아니라, 도입활동과 관련될 때 관계자에게 생기는 페인(Pain)/게인(Gain)에 주목해 주세요.

◇ 기입 시 포인트

추진자에 대해서

UX 디자인의 도입에 대해 같은 뜻을 가진 멤버일지라도, 각각의 차이는 정리·파악해 둡니다. 예를 들어, 「사용자에게 도움이 되는 디자인에 대해 계속 모색하고 있던」 사람과 「다른 동료들은 할 수 없는 새로운 스킬을 배우고 싶다」라는 사람은, UX 디자인에 대한 모티베이션의 기본방향이나 관심의 포인트가 분명 다를 것입니다.

배경에 관해서도 역시 「각자에게 새로운 디자인 스킬 연마를 요구하는 디렉션 팀」에 소속된 멤버와 「각자에게 신규 클라이언트를 3건 이상 획득하는 것을 요구하는 제작 팀」에 소속된 멤버는 활동의 연관 방식이 다르겠죠.

협력자에 대해서

협력자가 도입활동에 대한 지원·협력을 하는 (할지도 모르는) 이유는 반드시 UX 디자인 자체와 관계가 있다고는 할 수 없고, 예를 들어 「클라이언트를 위한 새로운 서비스나 신사업으로서의 가능성」이나 「경쟁 업체와의 차별화」 등과 같은 비즈니스상의 이유일지도 모릅니다. 어디까지나 협력자의 시점에서 도입활동과의 관계를 정리합니다.

또 협력자 (또는 그 후보)가 당신의 상사일 수도 있지만, 당신의 상사가 반대로 저항자일 수도 있고, 옆 부서의 상사나 다른 임원이 협력자가 될 수도 있습니다. 혹은 친분이 있는 사외 사람이나 거래처가 협력자가 될 수 있을지도 모릅니다.

영향자에 대해서

영향자의 정보 발신·전달의 힘을 도입활동에 살리기 위해서, 영향자의 시점에서 도입활동에 관련되는 것으로 생기는 페인 (Pain)/게인 (Gain) 을 파악·정리합니다. 영향자는 동시에 추진자·협력자·저항자일 수도 있습니다. 이와 같이 영향자는 전체 도입활동에 플러스 또는 마이너스적인 영향력을 발휘할 수 있습니다.

또한, 영향자는 「사람」뿐만 아니라, 예를 들어 개발하려는 앱/웹/서비스/제품의 제작에 관계된 사람들이 주목하고 있는 정보 사이트나, 사내의 메일이거나, 휴식 공간에 있는 게시판 등의 「물건」이 될 수도 있습니다.

저항자에 대해서

저항자에 대해서도, 다른 것과 마찬가지로, 저항자의 시점에서 도입활동에 어떠한 디메리트 (저항자가 생각하기에 도입하면 문제가 생길 것이라고 생각하는 점)가 있다고 생각하고 있는지를 정리·파악합니다.

또 현재의 저항자는 어떠한 계기로 협력자 또는 추진자가 될 수도 있고, 반대로 현재는 협력자나 추진자라 할지라도 그중에서 저항자가 되어버리는 멤버가 있을지도 모릅니다. 특히 후자에 대해서는 어떤 때에 저항자가 될 가능성이 있는지, 사전에 검토·정리해 둡니다.

작성 사례

기업 안에서 UX 디자인 도입에 임하고 있는 분, 앞으로 임하려고 하는 분에게 실제 상황에 기초해 스테이크홀더 맵을 제공 받았으니, 필요한 상황일 때, 참고해 주세요.

스테이크홀더 맵 작성 사례 (국내 의료 관련 서비스 사업자)

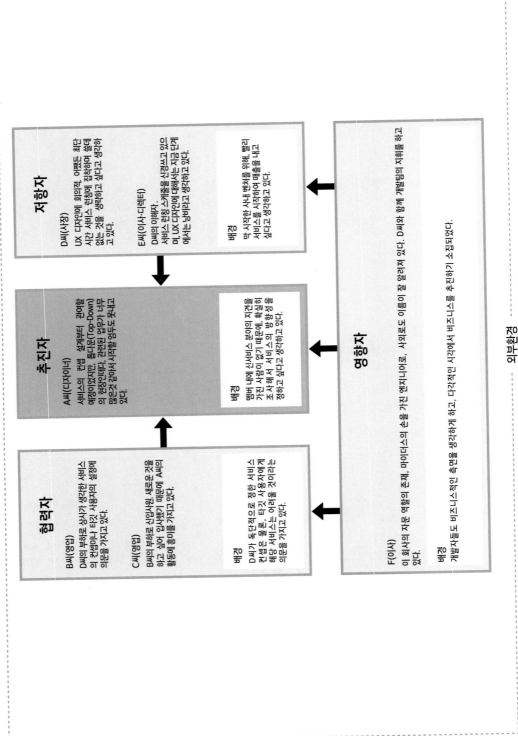

지향자

D씨(사장)
UX 디자인에 회의적. 어쨌든 최단 시간 서비스 런칭에 집착하며 쓸데 없는 것을 생략하고 싶다고 생각하고 있다.

E씨(이사-디렉터)
D씨의 이해자. 서비스 런칭 스케줄을 신경쓰고 있으며, UX 디자인에 대해서는 지금 단계에서는 낭비라고 생각하고 있다.

배경
막 시작한 사내 벤처를 위해, 빨리 서비스를 시작하여 매출을 내고 싶다고 생각하고 있다.

추진자

A씨(디자이너)
서비스의 컨셉 설계부터 관여할 예정이었지만, 톱다운(Top-Down)의 현장인데다, 관련된 업무가 너무 많은 것 같아서 시작을 엄두도 못내고 있다.

배경
멤버 내에 신서비스 분야의 지견을 가진 사람이 얼기 때문에, 확실히 조사해서 서비스의 방향성을 정하고 싶다고 생각하고 있다.

협력자

B씨(영업)
D씨의 부하로 상사가 생각한 서비스의 컨셉이나 타깃 사용자의 설정에 의문을 가지고 있다.

C씨(영업)
B씨의 부하로 신입사원. 새로운 것을 하고 싶어 입사했기 때문에 B씨의 활동에 흥미를 가지고 있다.

배경
D씨가 독단적으로 정한 서비스 컨셉은 물론, 타깃 사용자에게 해당 서비스는 어려울 것이라는 의문을 가지고 있다.

영향자

F(이사)
이 회사의 자문 역할의 존재. 마이더스의 손을 가진 엔지니어이어도, 사외로도 이름이 잘 알려져 있다. D씨와 함께 개발팀의 자료를 하고 있다.

배경
개발자들도 비즈니스적인 측면을 생각하게 하고, 다각적인 시각에서 비즈니스를 추진하기 소집되어있다.

외부환경

스테이크홀더 맵 작성 사례 (해외 IT 서비스 사업자 / 아바타 커뮤니티 프로젝트)

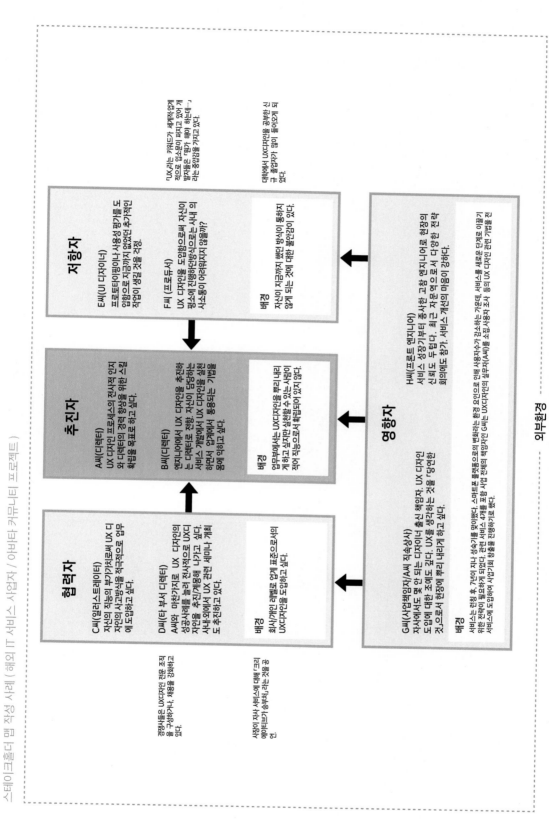

스테이크홀더 맵 작성 사례 (국내 헬스케어사)

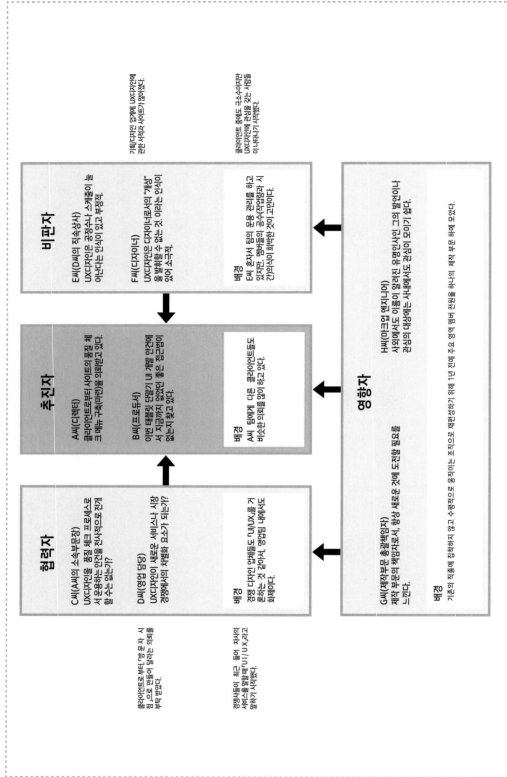

8-4 UX 디자인 도입 시나리오

「UX 디자인 도입 시나리오」는, 사전에 세우는 UX 디자인 도입활동 계획으로, 아래 시트를 이용하여 개발할 수 있습니다. 시트는 크게 왼쪽과 오른쪽으로 구성되어 있으며, 왼쪽을 사용해 도입활동의 미션·목표·강점을 설정하고, 오른쪽을 사용해 관계자에 대한 동의나 협력을 얻어내는, 설득이나 협상에 필요한 액션플랜을 세웁니다. 처음에는 시트 내 요소에 대해 설명하고, 이어서 사용법과 작성 사례를 소개하겠습니다.

「UX 디자인 도입 시나리오」를 사용하는 장점

▶ 도입활동의 목표나 방침을 검토하거나 공유하기가 쉬워진다.
▶ 도입활동에서 추진 멤버가 가지고 있는 강점을 명확히 할 수 있다.
▶ 도입활동에 있어 힘을 써야 할 점과 그렇지 않은 점을 명확히 할 수 있다.
▶ 도입활동의 계획 변경이 필요하게 되었을 때 재검토하기가 쉬워진다.

미션

1 【Why】임하는 의의, 가치관이나 지침

현재 스테이지에서의 목표

2 【What】목표하는 상태나 모습을 구체적인 숫자나 상태로 대체한 것

강점

3 액션플랜에 살릴 수 있는 자신들이 가진 강점

액션플랜

4·5 【How】목표 달성을 위해 해야 할 스테이크홀더별 액션

◇ 미션·목표·강점

미션

미션은 당신이 도입활동을 실시하는 의의(중요성/가치)이며, 추진 멤버 전원이 공유해야 할 가치관이나 일관된 지침으로써 판단의 근거가 되는 것입니다. 그러므로 「UX 디자인 스테이지」가 어느 단계든, 기본적으로 바뀌지 않습니다.

목표

다음 단계에서 목표로 하는 UX 디자인 도입활동의 모습을 구체적인 목표로 치환한 것입니다. 목표는 이상 목표／필달목표로 나누어져 있고, 전자는 바랄 수 있는 최선의 달성 상태, 후자는 이보다 낮으면 목표를 충족시킬 수 없게 되는 아슬아슬한 상태를 말합니다.

이렇게 목표의 폭을 만들어 두면, 관계자와의 조정·협상을 실시할 때의 판단 기준이나 양보 가능한 범위를 미리 준비해 둘 수 있게 됩니다.

강점

도입활동에는 관계자와의 조정·협상이 따르기 때문에, 그때 당신이나 추진 멤버에게 어떠한 강점이 있는지를 분명히 해 둡니다. 어쩌면 「지금의 자신들에게 강점이라 할 수 있는 것은 아무것도 없다」고 생각하시는 분도 있을지도 모르겠지만, 조정·협상 시에 무엇이 강점이 될 것 같은지 생각하는 것 자체가 액션플랜의 힌트나 재료가 되기 때문에, 조금이라도 유리할 것 같은 것이라면 사소한 것도 상관없으니 여러 강점을 생각해 보세요.

◇ 액션플랜

목표 달성을 향해서 당신과 추진 멤버가 함께 해나갈 구체적인 활동 계획입니다. 액션플랜은 4가지 타입의 관계자마다 나누어 세웁니다.

어떠한 활동이 효과적인지는, 회사나 조직의 특성이나 문화에 따라 다르기 때문에, 시행착오를 반복하면서 유효한 방법을 찾아보세요.

◇ UX 디자인 도입 시나리오 사용법

먼저 준비한 「UX 디자인 스테이지」를 미래에 목표로 해야 할 모습으로서 마찬가지로 「스테이크홀더 맵」을 현재의 상태로 고려하여, 각각을 참고하면서 「UX 디자인 도입 시나리오」로 그 양자를 연결하는 방법을 생각해 갑니다.

1. 시트 왼쪽 상부에 있는 미션란에 기입합니다. 「UX 디자인의 도입을 통해 사용자의 경험을 풍요롭게 한다」, 「클라이언트가 사용자의 본질적인 욕구에 기초한 서비스를 제공해 나가는 것을 파트너로서 지원한다」와 같이, 도입활동을 실시하는 의의, 추진 멤버 전원이 공유해야 할 가치관이나 일관된 지침이 되는 것을 씁니다. 「프로젝트 멤버 전원이 UX 디자인을 이해하고 있다」, 「클라이언트의 모든 사이트에 대해 사용성 평가가 이루어지고 있다」와 같은 것은 미션 실현의 「과정」이나 「상태」이므로 다음에 있을 목표의 칸에 쓰게 합니다.

2. 시트 왼쪽 중앙에 있는 목표란에 기입합니다. 액션플랜을 생각하기 쉽게 하기 위해서도, 목표는 가능하면 다음과 같이 설정하는 것을 추천합니다.

▶ 한 번에 설정하는 목표는 최대 3개까지 설정한다
▶ 「《대상(What)》을《기한(When)》까지》로,《상태(How)》로 한다」의 형식으로 한다
　예)「구성원을 반년 후까지 5명 이상」
▶ 이상목표와 필달목표로 나눈다
　예)「이상목표 ｜ 활동 시간을 다음 주 이후, 주 4시간 이상 확보한다」
　　「필달목표 ｜ 활동 시간을 다음 달 이후, 월 8시간 이상 확보한다」

3. 시트의 왼쪽 하단에 강점의 칸을 채웁니다. 강점에 대해서는 앞에서도 쓴 대로 「사내 정보나 인맥에 능한 멤버가 있다」, 「소속부서에서는 젊은이의 자주적인 대처에 관용」, 「추진 멤버 A 씨가 말하는 것에는 저항자인 B 씨도 귀를 기울인다」와 같이 사소한 것이라도 상관없으니, 추진 멤버로 대화를 하면서 되도록 많이 써 봅시다.

4. 시트의 오른쪽에 있는 액션플랜의 공간을 채워 봅시다. 목표와 강점을 참조하면서 구체적인 활동에 대한 아이디어를 내갑시다. 망설임이 생겼을 때는 미션으로 돌아가 생각해 보세요.

5. 액션플랜의 아이디어를 각 구성원별로 압축해서 시트에 기재하면 다음은 실행일 뿐입니다. 정리 후 검토를 통해 얻은 피드백을 바탕으로 적절하게 「스테이크홀더 맵」과 「UX 디자인 도입 시나리오」도 업데이트합니다.

미션

현재 스테이지에서의 목표

이상목표	《대상》을·《상태》로 한다·《기한》까지		필달목표

강점

액션플랜

for 추진자	for 영향자

for 협력자	for 저항자

◇ 액션플랜 작성 포인트

추진자 대상

추진자 항목에서는, 함께 활동을 해나갈 새로운 멤버를 발견하거나, 활동에 필요한 시간이나 예산을 확보하고, 그것을 위한 승인을 얻고, 활동 참가에 대한 문턱을 낮추거나, 멤버의 모티베이션을 유지하며, 멤버의 상사 등에 대한 이해 향상을 도모하는 등의 액션을 목표에 따라서 생각합시다.

예를 들어, 활동 초기의 단계에서처럼 우선 흥미를 가질 만한 사람을 찾을 때는, 사람이 많이 지나는 출입문 부근의 벽에 활동의 고지나 성과물을 게시하거나, 회의실이 아닌 오픈 스페이스에서 활동하며 노출과 접촉의 기회를 늘리고, 흥미를 가진 사람이 부담 없이 말을 걸거나 질문하기 쉬운 분위기를 조성하면 좋을 것입니다.

협력자 대상

협력자의 항목에서는, 어떤 관점에서 지원이나 협력을 타진하는 것이 좋을지 생각합시다. 당장 협력자가 보이지 않는 경우에는, 이 사람으로부터의 지원·협력을 꼭 받고 싶다는 사람을 이상목표로, 실현성이 높아 보이는 사람이나 접근할 수 있는 사람을 필달목표로 각각 설정해서 타진 방법을 생각합시다 (그런 사람과의 접점조차 없을 경우에는 중개받을 수 있는 사람의 협력을 얻어내는 것부터 시작하는 것이 좋을 것입니다).

또한, 직접적인 협조를 구하기가 어려운 경우에도 간접적으로 지원받는 정도면 부탁하기가 쉬워질 것입니다. 예를 들어, 비공인활동 단계라면 활동에 대한 대표나 주요 멤버로 참여 부탁을 하는 것만으로도 주위에 대한 시선이나 언급은 확연히 달라진다고 생각합니다.

영향자 대상

영향자 항목에서는, 어떻게 하면 도입활동에 관한 정보를 좋은 방향으로 피드백 받을 수 있을까 (혹은 어떻게 하면 잘못된 방향으로 이야기되는 것을 막을 수 있을까)를 생각합시다.

또 앞에서도 썼듯이 영향자는 반드시 사람에 한정되지 않습니다. 필자 자신을 예로 들어서 말하자면, 자사의 납품 직후 혹은 착수 직전의 프로젝트의 간단한 사용성 평가와 리포트를 자주적으로 (마음대로) 행하던 시기가 있었습니다. 그 당시 해당 프로젝트 자체가 사내에서 주목받는 「영향자」로 인식되었고, 평가 결과를 리포트하자마자 프로젝트 멤버는 물론이고, 동류의 프로젝트와 관련되어 있는 멤버로부터의 문의나 상담이 많이 왔던 기억이 납니다.

저항자 대상

저항자의 항목에서는, 도입활동과 저항자의 페인(Pain)/게인(Gain)을 양립시키는 방법, 혹은 적어도 대립을 회피하는 방법을 생각합시다. 예를 들어 어떤 프로젝트의 현장 책임자인 디렉터가 프로토타이핑이나 사용성 평가를 실시하면 스케줄에 지연이 발생할 것을 우려해 반대하고 있다고 합니다. 그러한 경우는 「그 디렉터에게 있어서 중요한 것」이 무엇인지 인식하고, 그에 해당하는 UX 디자인의 영향력을 위주로 대화해 나가는 방법을 생각해 갑니다.

예를 들어, 지체 없이 개발을 진행하는 것은 그 디렉터에게 있어서 중요한 것이지만, 한편으로 사용자에게 있어서 사용하기 쉽고 만족스러운 사이트를 실현하는 것도 똑같이 중요한 일일 것입니다. 그럼 일단 그 디렉터가 중시하는 것이나 현시점에서 우려하는 것의 리스트를 만듭니다. 그러고 나서, 리스트 요소마다, UX 디자인의 도입이 플러스가 되는 것과 마이너스가 되는 것을 그 디렉터와 함께 확인해 가면, 반드시 마이너스의 영향만 있는 건 아니라는 것을 설득할 수 있을지도 모릅니다 (만약 그 디렉터의 역할 범위가 진행관리일 뿐,

품질관리는 범위 밖이라 하더라도, 반드시 다른 누군가가 품질관리 역할을 맡고 있을 것이기 때문에, 그 사람과 앞의 디렉터와 셋이서 함께 이야기하면 더욱 좋을 것입니다).

◇ 작성 사례

회사 내에 UX 디자인을 도입하고자 지금까지 열심히 노력하고 있는 분, 앞으로 도입을 하려고 준비하고 있는 분들을 위해 실제 상황에 기초해 스테이크홀더 맵을 작성했습니다. 필요한 상황일 때, 참고해 주세요.

UX 디자인 도입 시나리오 작성 사례 (국내 의료 관련 서비스 사업사)

미션

UX 디자인을 조직의 멤버들에게 널리 알린다.

혁신플랜

for 추진자	for 영향자
서비스의 키오프부터 참여시켜, 최초의 단계에서 UX 디자인의 필요성을 설명 드린다. 이때 숫자를 근거로 타사 사례를 소개하고 저항자의 설득 재료를 늘려둔다.	UX 디자인에 대한 이해가 있으므로, 스케줄 등에서 성총부와 대립하지 않도록 사전에 협조를 부탁한다.
for 협력자	**for 저항자**
실제 조사부터 참가하게 하여, 유용성을 체감하게 하고, 추진자가 되게 유도한다. 또, 다른 멤버에게도 보이는 장소에서 공동으로 활동을 실시해서, 주위에 널리 알릴 수 있는 계기도 함께 만들어 본다.	UX 디자인에 의해서 효과가 실증된 사실(FACT)이 있으면 이해를 얻을 가능성이 있기 때문에, 공개되어 있는 타사 사례의 구체적인 숫자 등을 이용해 설명한다.

현재 스테이지에서의 목표

이상목표	《대상》을 《상태》로 한다. 《기한》까지
	필달목표
그룹사에 도입 사례를 하나 보고한다.	올해 사내 벤처에서 기안한 안건(최소 3개)에 관련하여, 무언가를 할 수 있는게 없는지 찾아본다.
다음달부터, 계몽 활동을 위해 주 1시간씩, 시간을 만들어 자발적 참여자들과 활동보고를 실시한다.	다음달부터, 계몽 활동을 위해 주 1시간씩, 근무 시간외에 자발적 참여자들과 미팅을 실시한다.
다음달 이후 한달에 한번, 활동내용을 리포트로 정리해 사내에서 공유한다.	다음달 이후 한달에 한번, 활동내용을 미팅에서 간단히 보고한다.

강점

· 사내에서는 「이래서는 잘 될것 같지 않은데 …」라는 불안감이 퍼져 있어 타개책을 요구하는 목소리가 높아지고 있다.
· 저항자 D씨는, F씨에게는 강한 태도를 취하지 않는다.
· 협력자 두 사람은 적극적으로 움직이며 실제 작업도 진행한다.

UX 디자인 도입 시나리오 작성 사례 (해외 IT 서비스 사업자 / 아바타 커뮤니티 프로젝트)

미션

전원이 UX 디자인을 「당연」히 할 수 있는 조직 만들기

액션플랜

for 추진자

반드시 각 서비스에 대한 UX 디자인
실천결과를 사업성과/KPI로 연결하여
정량적으로 평가하고 프로듀서에게 설명할
수 있도록 한다.

for 영향자

임원진을 위한 전략설명자료의
근거자료로써, UX 디자인의 아웃풋을
활용하게 한다.

for 협력자

UX 디자인 도입 프로젝트에 참여해봤을 수
있는 기회를 제공한다. 참여해 경험한
결과는 각 멤버들의 노하우로 추후 활용
가능한 것이라고 설명한다.

for 지향자

UX 디자인에 적극적으로 참가할 수 있는
기회를 준비하고, 실천 속에서, 그 메리트를
피부로 느끼도록 한다. 최종적으로는 각자의
목표에 대한 성과를 UX 디자인이
프로세스와 관련시켜 설명할 수 있도록
지원한다.

현재 스테이지에서의 목표

	이상목표	《대상》을 《상태》로 한다·《기한》까지	필달목표
	사업부 내 UX 디자인을 미도입한 2개 이상의 서비스에 대해, 반년 이내에 1회 이상의 파일럿 시행을 실시하고, 벤치마크로 하고 있는 사회의 사업목표를 달성한다.	사업부 내 UX 디자인이 미 도입된 2개 서비스에 대해, 반년 이내에 1회씩 파일럿 시행을 실시한다.	
	운서버 없이 UX 디자인 프로세스를 혼자서 운용 할 수 있는 인재를 반년 이내에, 5개 서비스당 1명씩 육성한다.	운서버 없이 UX 디자인 프로세스를 혼자서 운용할 수 있는 인재를 반년 이내에 한명 육성한다.	
	1년 이내에 사용자 (엔드유저)를 불러서 실시하는 인터뷰/사용자 조사를 주 1회 필히 실시하고, 결과적으로 프로듀서진의 흥미와 기대가 높아지고 있다.	1년 이내 만큼으로, 사용자(엔드유저)를 불러서 실시하는 인터뷰/사용자 조사를 월 1회 정도 꼭 개최한다.	

강점

· UX 디자인에 관한 워크숍의 정기개최에 의해, UX 디자인에 흥미를 가져주는 멤버가
  많아졌다.
· 작년부터 복수 프로젝트에 파일럿 도입을 진행한 결과, 사업 성과로 이어지는 사례가나오기
  시작했고, 결과적으로, 프로듀서진의 흥미와 기대가 높아지고 있다.

미션

UX 디자인을 통해 사람들의 경험을 풍족하게 하는 조직이 된다

핵심플랜

for 추진자	for 영향자
B씨가 담당인 태블릿 디바이스 프로젝트 안건에 UX 디자인을 시범 도입할 수 있도록 클라이언트 및 프로젝트 멤버와 협상·조정을 실시한다.	G씨에게 직접 상담할 기회를 마련하고 도입 활동에 대해 「보증/인증」을 받음으로써 주위로부터 「사내 공인 활동」으로 인식할 수 있도록 한다.
for 협력자	**for 저항자**
사이트 품질 점검 관점으로 실증 실험을 A씨 담당 안건에 시험적으로 도입해 볼 것, 성공할 경우에는 운용 안건 전체에 대한 전개도 가능하다는 것을 설명하고 활동에 합의를 받는다.	태블릿 디바이스 프로젝트는 안건에서의 프로세스·스케줄에 미치는 영향과 함께, 결과가 될 수 있는 실시 성과나 클라이언트의 만족도를 팩트/데이터 중심으로 보여준다.

현재 스테이지에서의 목표

《대상》을 《상태》로 한다 《기한》까지

이상목표	필달목표
영업적으로도 공개 가능한 대표 사례가 될 수 있는 안건을 반년 후까지 1건 이상 구성한다.	파일럿 실시의 형식으로, 사내에서 사례 발표가 가능한 안건을 반년 이내에 2건 이상 구성한다.
활동 시간을 다음주 이후, 주 4시간 이상 확보한다.	활동시간을 다음달 이후, 월 8시간 이상 확보한다.
다음주 이후, 사업본부 미팅 중에 관련 활동과 사업사례를 소개하는 부분을 개설해서, 총 8개의 사업 본부에서 실시한다.	활동 보고서를 다음달 이후, 월 2회 간격으로 내부 공유한다.

강점

· A씨의 소속부서는 젊은층의 지발적 노력에 관용적이다.
· 사내 정보나 인맥에 능한 B씨가 추진 멤버에 있다.
· B씨의 이야기에 대해서는 비판자 E씨도 귀를 기울인다.

APPENDIX

▶ 부록

UX 디자인을 시작한 클라이언트의 목소리

이제까지, 개발자나 디자이너의 시점을 중심으로 UX 디자인의 방식을 전달해 왔습니다. 다른 한편으로, 비즈니스·사업 운영 측에서 보았을 때, UX 디자인을 시작한 전후로 무엇이 바뀌었을까요? 그 생생한 목소리를 직접 들어 봤습니다.

엔터테인먼트
IT 담당자
A 씨

해 보기 전에는 UX 디자인이란 「고객시점을 소중히」하라는 캐치카피인 줄 알았어요.

인터페이스를 생각한다면 유도 경로도 생각하는 것은 당연하기 때문에, 특히 앱/웹에 있어서는 UX와 UI도 결국 같은 것이 아닐까 계속 생각하고 있었습니다. 그러다보니 세간에서 UX가 중요하다고 떠드는 것은 결국 「고객 시점을 소중히」 하라는 캐치카피 정도로 이용되고 있는 것이 아닌가 하고 생각했죠.

근데, 우연히 한 프로젝트에서 처음으로 인터뷰부터 사용자 조사·분석을 바탕으로 고객 여정맵을 만들 기회를 가질 수 있었습니다. 이때 이용 전후까지 철저히 조사하는 과정을 통해서, 자주 있는 앙케트의 결론만 보고서 사용자에 대해 이해했다고 넘겨짚던, 우리들의 사용자 이해는 실로 평면적이었고, 단면만을 보고 있는 착각이었음을 깨달았습니다. 실제로 해 보니까 「UX가 중요하다는 게 이런 거였구나!」라고 처음으로 체감이 되더군요.

인터뷰로부터 분석, 가설구축을 반복하는 도중, 프로세스에 깊이 관여하여 얻어진 사용자에 대한 이해는 실로 입체적인 것으로, 최종 결론만 보면 전부터 고려해 온 방향처럼 보일지라도, 왜 그것이 최종 결론으로 의미가 있는지, 참가한 멤버들이 어렵지 않게 이해할 수 있었습니다. 프로세스를 처음부터 봐 오지 않은 사람에게는 이러한 「이해의 깊이」 자체를 전달하기가 어려운 것이 아쉽습니다만, 지금 현재도 서서히 UX 기법을 매일 하는 업무 속에 받아들이고, 실시하여, 주위에도 이해를 넓혀가려 노력 중입니다.

인쇄·통신판매
e커머스 비즈니스 PM
B 씨

UX 디자인은 매우 유용한 것.
사용법을 차츰차츰 세련되게 다듬어가면 좋겠어요.

웹사이트 리뉴얼을 위한 막연한 개선 방향은 있었지만, 「리뉴얼하면 정말 좋아질런지?」, 또 「그것을 어떻게 사내에 전하면 좋을지?」라는 과제가 있었습니다. 이 과제를 해결해 준 것이 초기 단계부터 도입한 UX 디자인이었습니다.

예를 들어, 상품선정에 대한 주요 카테고리의 재검토를 할 때, 종래의 카테고리명은 용도, 납기, 형상 등 다양한 축이 혼재하고 있었지만, 웹사이트의 고객은 상품명에서 상품을 유추할 수 없다는 점이 피험자 평가로 부각되어, 형상 축을 통일해야 한다는 결론을 얻을 수 있었습니다. 그 결론을 토대로 사내 멤버가 실시한 카드 소트가, 한정된 시간 내에서 다양한 시점을 도입하여, 객관성 있는 카테고리 구성을 확보하는 데 도움을 주었습니다. 또, 이때의 사내 멤버는, 웹사이트 리뉴얼의 코어 멤버뿐만 아니라 그 외 사내 프로젝트에 대부분 참여하는 영향력 있는 멤버들이 참여하여, 프로젝트의 "선전"에도 기여했다고 생각합니다.

지금 생각하면, 프로젝트를 시작할 때는, UX 디자인에 대한 기대감이 매우 낮았기 때문에, 염려도 있었습니다. 예를 들어, 「3명과 5명이라는 적은 피험자 수로 실사를 하는 게 과연 좋은 것일까?」, 「혹시 특정한 피험자의 특이한 반응에 끌려가는 것은 아닐까?」라는 걱정 말입니다. 하지만, 실제로 해 보니 재현성이 높은 문제는 적은 피험자 수에서도 파악할 수 있다는 것을 알게 되었습니다.

결국에는, 오랫동안 이런 판매 사업을 담당했는데도 불구하고, 이번 UX 디자인을 통해 깨달은 점이 많이 있었습니다. 특히, 서비스 제공자의 인식이 사용자의 인식과는 크게 달랐는데, 이러한 다양한 깨달음은 매우 귀중했다고 생각합니다.

e커머스
CRM 담당
C 씨

실제로 UX 디자인을 시작하려면, 잘 몰라도
어쨌든 「해 보자. 움직여 보자」라고 하는 시도가 중요하다고 생각합니다.

4년 정도 전에 상사로부터 「앞으로는 서비스 디자인이 필요하게 될 거야. 우선 이것저것 공부해서 고객 여정을 만들어 보자!」라는 이야기가 나왔고, 아무것도 모른 채로 이 세계에 발을 들여놓았습니다.

UX 디자인을 통해 해결해 나가고 싶은 과제나 이루고 싶은 목적이 있다면, 그게 뭔지 잘 모르더라도 어쨌든 「해 보자. 움직여 보자」라는 무대포 정신이 중요하다고, 지금 돌아봐도 느끼고 있습니다.

이렇게 시작해 봄으로써 고객 인사이트를 파악할 수 있게 되었고, 점점 고객의 감정의 움직임에 맞춘 설계를 할 수 있게 되었습니다. UX 디자인이란, 복잡다단한 「사람과 그 주변의 관계」를 이해하기 위한 접근법이라고 생각합니다. 이것을 응용하면, 고객뿐만 아니라, 팀 빌딩이나 평상시의 커뮤니케이션을 디자인하는 것까지도 가능할 것이라고 생각합니다.

다만, UX 디자인을 실제로 하다 보면 프로젝트가 대부분 길어지기 때문에, 결과물이나 보고가 이뤄질 때까지의 시간이 답답하게 느껴지기도 합니다. 앞으로는 「본질적 욕구에 도달하기까지의 복잡하고 어려운 프로세스의 단순화」와, 스피드를 올리는 것이 과제겠네요. 또한, 분석한 정성 데이터를 정량 데이터와 어떻게 연결하는 게 좋은지, 이에 관련된 이론이 개발되는 것도 기대하고 있습니다.

인터넷 서비스
프로모션
기획 담당
D 씨

정확히 알고 있어야 할 고객의 얼굴이 담당자마다 미묘하게
다르다는 것이 중요한 과제라는 것을 깨달은 데서 비롯되었습니다.

어느 정도의 실적은 광고나 캠페인 등 돈을 들여서 만들어지고 있었습니다만, 문득, 우리들이 알고 있어야 할 고객의 얼굴이 실제로는 전혀 보이지 않는다는 것을 깨달았습니다.

담당자마다 「고객들은 이렇게 생각하고 있을 것이다」, 「이런 것들이 기쁠 것이다」라고 단정하고 있었고, 게다가 그것이 미묘하게 어긋나고 있었던 것은, 실로 중대한 과제(이슈)가 아닐까라고 생각한 게 UX 디자인 프로젝트를 시작하는 계기였습니다. 또, 고객에 대해 가장 잘 알고 있어야 할 기획담당인 저 자신이 자사 서비스의 고객에 대해 제대로 설명하지 못한 것도 큰 요인입니다.

UX 디자인을 해 보면서 가장 좋았던 점은, 여러 담당자(개발, 운용, 기획자 등)가 같은 시각으로 고객에 대해 생각할 수 있었다는 것입니다. 조사 데이터에서 실제 고객들의 의견을 많이 보았고, 우리는 지금까지 중요하다고 생각만 했을 뿐, 실제로는 고객에게 전혀 신경 쓰지 않았다는 것을 알 수 있었던 것 등도 기존의 우리가 고수하던 업무 방식으로는 알 수 없었던 것이라고 생각합니다.

지금 우리들이 마주한 고객의 얼굴을 제대로 알 수 있게 하는 것. 더 나아가 올바르게 이해하고자 노력하는 중입니다.

e커머스
CRM 부장
E 씨

「UX 디자인은 목적을 달성하기 위한 수단」이라는 것을
이해하는 것이 중요하다고 생각합니다.

제가 담당하는 것은 CRM(고객 관계 관리, Customer Relationship Management)이기 때문에, UX 디자인 자체는 솔직히 아무래도 상관없었습니다. 중요한 것은, 고객의 잠재적 요구를 정확하게 파악해, 놀라움과 감동, 그리고 배려를 전달할 수 있는지를 생각하는 것입니다.

우리 회사에서 서비스 디자인을 도입하게 된 계기는 특정 상품의 기획안 창출에 한계가 왔기 때문입니다. 명확한 전략·전술이 있음에도 불구하고, 그에 대한 기획이 나오지 않는다는 딜레마를 안고 있었을 때, 그것을 타개하는 수단으로써 고객 여정맵이 유효하다고 생각했습니다.

원래 CRM 담당으로서 고객을 중심으로 생각하는 것은 당연하기에, 스토리도 의식해서 임하고 있었습니다만, 고객 여정맵은 그런 막연한 것을 명확한 것으로 변화시켜 주는 강력한 방법이 되었습니다.

우리 회사에 UX 디자이너라는 직함을 가진 사람은 없습니다. 왜냐하면 서비스에 관련된 모든 사람이 고객을 생각하기 때문입니다. UX 디자인은 목적을 달성하기 위한 수단이라는 것을 이해하는 것이 중요하다고 생각합니다.

INDEX 색 인

역자 프로필

노승완(Seungwan Roh)

단국대학교 디자인학부 교수
그린베리 디자인 연구소 / CEO

영국 런던대학교(University of London)에서 인터페이스 디자인 전공으로 디자인학 박사 취득. 2005년 단국대학교 제품인터페이스 전공 교수로 초빙되어, 현재 디자인학부 교수로 재직 중. 서비스 디자인, UX 디자인, PUI 디자인 등에 대한 연구 및 강연과, 겸직 중인 벤처기업 그린베리 디자인 연구소의 대표로 산업기기, IoT 기반의 제품 및 서비스 디자인 리서치, UX와 PUI 융합 프로젝트 등 다양한 리서치 중심의 디자인 프로젝트 수행 중.
개인 블로그 http://greeenberry.net

임동혁(Donghyeok Lim)

그린베리 디자인 연구소 / UX 디자인실
실장

단국대학교에서 제품디자인 전공, 이후 단국대학교 부설 융합디자인 연구소에서 다양한 컨설팅 프로젝트에 참여하며 UX/UI 디자인 및 디자인 리서치 등의 작업을 초보자 수준부터 상급자 수준까지 몸으로 체험. 동시에 융합시스템공학과에서 융합디자인으로 석사 학위 취득. 그 후 2017년 2월부터 현재까지 그린베리 디자인 연구소에 근무하면서, 아이트래킹 테스트부터 사용자 조사, 프로토타이핑, 비주얼 디자인까지, UX 디자인 능력을 확장시켜, 현재 다수의 UX 디자인 관련 프로젝트를 수행 중.

◇그린베리 디자인 연구소

그린베리 디자인 연구소는 이 책의 옮긴이인 노승완 교수가 단국대학교 부설 융합디자인 연구소 소장으로 일하던 중, 2014년도에 벤처 디자인 연구소로 설립 하였습니다. 업무 영역은, 학내에 포진한 다양한 융합 인재들과 협업을 통해 전문적인 UX 디자인 컨설팅과 자체 상품개발을 하고 있습니다. 현재도 수준 높고 효율적인 디자인 컨설팅, 아이트래킹 등의 고도 기술 응용 사용자 리서치를 기반으로, 다양한 대기업, 중견/중소 기업의 UX 디자인 컨설팅과 제품, 서비스 개발 등을 도와드리고 있습니다. 본 서적은 그린베리 디자인 연구소에서 서적의 발굴 및 한글화 작업을 하였습니다.

웹사이트 : http://greenberry.kr
협력문의 : sroh@greenberry.kr

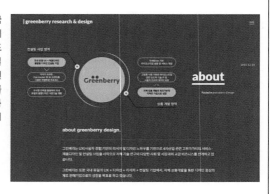

저자 프로필

타마가이 신이치(Shinichi Tamagai)

주식회사 아이·엠·제이 / R&D실
실장 시니어 펠로우
HCD-Net(인간중심설계추진기구) 평의원 / 인간중심설계전문가 휴먼인터페이스학회원

졸업 후 리쿠르트 사 입사 후, 채용 광고 제작을 거쳐 회사 연구 개발 부문에서 웹페이지를 처음 제작. 이후, 특히 사용자 인터페이스와 사용자 의사 결정 프로세스에 크게 관심을 기울이며 다양한 미디어 사업 및 사이트 런칭에 관여. IMJ 그룹 참가 이후부터는 다수 기업의 웹/서비스의 기획·설계·개발을 담당. 2012년부터 현직.

무라카미 류스케(Ryusuke Murakami)

주식회사 아이·엠·제이 / MTL사업 본부 제2전문 서비스 사업부
UX아키텍처
HCD-Net 인증 인간중심설계 전문가

소규모의 에이전시 벤처를 떠돌아다니다, 2008년에 아이·엠·제이에 입사. 입사 1년 후부터 이전 직장에서 관심을 가지고 있던 UX 디자인에 주력. 주로 웹사이트의 설계를 담당하는 디렉터 출신이었으므로, 사용성 평가를 시작으로 UX 디자인을 습득, 실천함. 프로토타이핑에서 사용자 조사까지 UX 디자인 실천의 폭을 넓혀, 다수의 웹사이트 리뉴얼 프로젝트나 사내/외에서 UX 디자인에 대한 교육 종사.

사토 텟츠(Tetsu Sato)

주식회사 아이·엠·제이 / MTL사업 본부 제2전문 서비스 사업부
시니어 UX아키텍처
HCD-Net 인증 인간중심설계전문가

리쿠르트 사에서 다양한 사업의 웹사이트 설계나 사용성 평가에 종사. 그 후, 컨설팅 회사, 웹디자인 제작 회사를 거쳐, 현재는 아이·엠·제이에서 「서비스 디자인」, 「UXD」에 관한 프로젝트 추진 등에 종사. 대기업 대상의 서비스 디자인·UXD 도입 지원이나 워크숍 퍼실리테이션, 각종 정성 조사 분석을 시작으로 대학 강의 협력, 세미나 등단, 기사 기고 등의 실적을 다수 보유.

오오타 분메이(Bunmei Ohta)

주식회사 아이·엠·제이 / R&D실
전략팀 책임
HCD-Net 인증 인간중심설계 전문가

엔지니어로 경력을 시작해, 오피스 시스템 및 패키지 소프트웨어 기획 개발에서 HCD(인간 중심 설계 프로세스 / ISO9241-211) 프로세스 적용 업무에 종사. 현재는 UX 전략 및 서비스 디자인에 있어서 전 공정적인 컨설팅, 일본 내에서의 서비스 디자인·프로젝트의 선진 연구, 방법론 및 프로세스 개발을 주 업무로 함. 파트너 기업 및 관련 업체들에 서비스 디자인/디자인 싱킹에 관한 세미나나 워크숍 실시를 하는 등 교육 계몽 활동에서도 실적을 다수 보유.

토키와 신사쿠(Shinsaku Tokiwa)

주식회사 아이·엠·제이 / MTL사업 본부 제2전문 서비스 사업부
시니어 UX아키텍처
HCD-Net 인증 인간중심설계 전문가

대기업 광고 제작사를 거쳐서 2001년 아이·엠·제이에 입사. 인간 중심 설계 (HCD/UCD) 사용자 경험 디자인 (UXD)에 대한 도입활동을 시작으로, 현재는 다양한 고객 기업에 대한 UCD/UXD를 축으로 한 서비스나 사이트의 구축, UCD/UXD의 도입 지원 등에 종사.